[POP SONG] ②
팝송영어 에세이
ENGLISH ESSAY

서용득

YOUNG

팝송 영어 에세이 ②

초판인쇄	2018년 4월 5일
초판발행	2018년 4월 10일
저자	서용득
발행인	나영옥
발행처	도서출판 **영**
주소	경기도 고양시 일산서구 탄현로 133, 113동 1404호(탄현동, 일산임광진흥아파트)
전화	031) 904-7905~6
팩스	031) 904-7907
등록번호	825-90-00389
E-mail	youngpub@naver.com
ISBN	979-11-88743-42-1 93740

정가 15,000원

CONTENS

들어가면서

우리가 살아가면서 듣게 되는 소리에는 여러 가지가 있습니다. 우리는 자연의 소리, 인간을 포함한 동물의 소리와 악기를 포함한 기구나 기계 소리 등 다양한 소리에 대해 크게 의식하지 못하지만 소리는 무의식적으로 우리의 삶에 영향을 끼치고 있습니다. 이 가운데 가장 소중한 소리는 인간의 목소리일 것입니다. 소리 가운데 아름다운 소리를 음악이라고 일컫습니다. 인간의 목소리에 한정해서 생각해볼 수 있는 노래에는 혼자서 부르는 노래, 둘 이상이 부르는 노래 그리고 여럿이 함께 부르는 합창도 있습니다.

노래를 들으면서 우리는 각자에게 주어진 삶의 여정을 이어갑니다. 우리말로 된 노래도 감동을 주고 다른 언어로 된 노래도 감동을 줍니다. 감동이 노래가 주는 가장 큰 느낌일 것입니다. 이 감동은 노래를 듣는 사람의 살아오면서 겪은 경험과 그 사람이 처한 상황 등이 복합적으로 작용하여 나타날 것입니다. 노래는 다양한 호흡의 일부분이긴 하지만 노래에는 느낌이 담겨져 있습니다. 이런 느낌은 인간의 정서를 그대로 반영하고 있다고 볼 수 있습니다. 이런 노래 가운데 우리가 흔히 듣고 있는 영어로 된 노래 가운데 대표적인 노래가 팝송일 것입니다. 다양한 팝송들이 시대의 변천에도 계속 이어져 오고 있습니다. 팝송은 인간이 살아가면서 부닥치면서 겪게 되는 인간의 생각과 느낌들이 반영된 결과일 것입니다.

우리가 영어로 된 팝송을 들을 때 단순히 노래의 흐름으로 듣는 경우가 많습니다. 그렇지만 노래의 흐름뿐만 아니라 노래 가사의 뜻을 함께 생각하면서 노래를 듣게 되면 훨씬 더 팝송 속으로 빠져들게 될 것입니다. 시도 마찬가지이지만 팝송의 소리와 의미는 손등과 손바닥과의 관계와 마찬가지로 뗄레야 뗄 수 없는 공생관계입니다.

이 책은 '사랑'을 주제로 한 팝송의 의미를 생각하면서 동시에 영어 발음으로서의 소리를 이해한 후 제대로 팝송이 들릴 수 있도록 친절하게 설명하고 있습니다. 더 나아가 이 책에서는 팝송에 나타난 영어 표현을 제대로 이해하고 다양하게 활용할 수 있는 길도 제시되고 있습니다. 팝송을 소리로 제대로 이해하고, 뜻으로 제대로 이해하면서 영어 이해도 하는 것이 이 책의 목적입니다. 그리고 팝송을 영어로서 다루고 있으면서 제대로 된 영어 소리를 들을 수 있는 방법과 동시에 주어진 팝송을 통해 이런 저런 생각을 해볼 수 있는 기회를 갖기 위해 에세이 형식으로 팝송에 대해 줄글을 덧붙여 놓았습니다. 우리가 팝송을 제대로 듣고 이해하면서 그 팝송이 나의 삶의 과정에 어떤 의미를 제공할 때 비로소 제대로 팝송을 듣는다고 할 수 있습니다.

팝송을 제대로 듣기 위해 처음에는 노래의 전체 분위기를 알기 위해 처음부터 끝까지 한 번 들어봅니다. 그리고 나서 두 번째 들을 때는 영어 소리를 제대로 듣고, 내용을 파악하는데 중요한 내용낱말(content words) 중심으로 듣습니다. 마지막에 영어 소리와 노래 가사를 동시에 음미하면서 노래의 분위기에 흠뻑 빠져보는 것입니다. 그러니까 적어도 하나의 팝송을 세 번은 관심을 갖고 주의깊게 들어야 팝송을 제대로 감상할 수 있습니다.

아울러 팝송을 영어 수업 시간에 적용하면 영어 학습에 대한 동기유발도 가져올 수 있고, 영어에 대한 관심도 더 높일 수 있을 것입니다. 유튜브(youtube)에 접속하여 팝송을 듣게 되면 영상과 함께 팝송을 더 재미있게 그리고 잘 즐길 수 있을 것입니다.

책속에 나오는 sb는 somebody(어떤 사람, 누구)를 나타내고 sth은 something(어떤 것, 무엇)을 나타냅니다. 그리고 팝송의 한글 옮김에서 구두점(句讀點)은 노래의 자연스러운 흐름을 고려하여 표기하지 않았습니다.

pop song English essay ②

PART

팝송영어 소리를 제대로 듣는 요령

영어는 음절언어(syllable language)인 한국어와 달리 고저언어(pitch language)입니다. 음절언어는 낱말의 길고 짧은 형식으로 이어져가는 반면, 고저언어는 낱말의 높낮이로 이어져갑니다. 한국 사람들이 영어로 소리를 내거나 영어 소리를 들을 때 이 점을 놓치고 있기 때문에 제대로 영어 발음을 하거나 영어 듣기를 할 때 어려움이 뒤따르는 것입니다. 시작부터 제대로 영어 소리를 들어야 하는데, 그렇지 못한 경우가 대부분이어서 저는 안타깝게 생각합니다.

영어를 들을 때 들려오는 내용을 모두 들으려고 하면 번번히 실패하게 되고, 나중에는 듣는 것 자체를 포기하는 경우가 더러 있습니다. 고저언어인 영어의 내용을 파악하기 위해 크게 들려오는 소리인 내용낱말(content words)을 중심으로 내용을 파악하려고 해야 합니다. 그래야만 영어를 들을 때 지치거나 포기하지 않게 되고 반복적으로 영어를 듣는 습관을 갖게 되면 차츰 영어의 내용을 이해하게 됩니다.

우리가 영어 소리를 듣거나 말을 할 때 우리의 예측－표기된대로 듣거나 말해야 될 것으로 생각하고 있는 현상－을 벗어난 경우에는 우리로 하여금 영어 소리를 이해하는데 큰 어려움이 뒤따릅니다. 그러니까 눈으로 보이는 영어와 귀로 듣고 말로 하는 영어가 차이가 나는 현상을 규칙으로 만들어 놓았는데, 그것을 음변화 또는 음운변화(sound changes)라고 합니다.

영어 소리를 들을 때 정상적인 속도나 조금 빨리 들리는 소리의 경우 어떤 소리는 이웃 철자와 닮기도 하고, 이어지기도 하고, 없어지기도 하고 또한 주의해서 소리를 들어야 할 경우도 있습니다. 이런 현상을 음변화 또는 음운변화라고 합니다. 영어의 음변화에는 이어지는 소리(연결), 닮는 소리(동화)와 없어지는 소리(탈락)가 있습니다. 그 외에 영어를 듣거나 발음해야 할 때 유의해야 할 것으로 줄어진 소리(축약)와 주의해서 듣거나 발음을 해야 하는 경우로 나누어 볼 수 있습니다. 음변화는 규칙이기 때문에 다음에 설명하는 내용을 이해하고 스스로 연습을 하게 되면 영어를 제대로 들을 수 있게 됩니다.

01 이어지는 소리(연음)

영어에서 두 가지 이상의 낱말이 이어져 나올 경우에 두 개의 낱말이 서로 붙어서 소리가 나는 경우가 많습니다. 두 개의 낱말이 서로 붙어서 소리가 나게 되는 이어지는 소리 즉, 연음(連音; linking, liaison) 또는 연결(連結)에는 자음이동과 약모음이동의 두 종류가 있습니다. 두 개가 한 개로 붙어서 소리가 나기 때문에 영어가 외국어인 우리나라 영어발음 학습자들에게는 이런 소리를 이해하는데 힘들 수밖에 없습니다. 특히 중요하지 않은 낱말의 철자가 붙어서 소리가 나는 것 때문에 중요한 내용 낱말을 놓치는 경우가 대부분입니다.

이어지는 소리 현상은 대부분의 한국 영어 학습자들에게 힘들게 하는 영어 발음이라고 할 수 있습니다. 그런데 이 현상도 규칙이기 때문에 현상을 이해하고 어느 정도 연습만 하고 나면 그렇게 힘든 것이 아님을 알게 될 것입니다.

1) 자음이동

자음이동(子音移動; consonant transfer)은 가까이 있는 두 개의 낱말이 이어져 나올 경우 앞 낱말의 끝 철자가 뒤에 있는 낱말의 앞에 가서 붙어 소리가 나는 현상입니다. She work**s** **i**n London.에서 works의 끝에 있는 자음 's'가 그 뒤에 있는 in의 앞으로 가서 붙어 소리가 나는 현상입니다. 그러니까 '웍스 인'이 아닌 '웍신'으로 발음됩니다. 이런 예문들은 다음과 같습니다.

It'**s**↷**on** sale today.
That's very kin**d**↷**of** you.
It depend**s**↷**on** the weather.
I**s**↷**it** all right i**f**↷**I** smoke?
A nurse work**s**↷**in**↷**a** hospital.

그런데 'kind of'의 경우, 자음이동이 되어 '카인더브'로 되는 경우도 있고, 나중에 설명이 되겠지만 'nd'에서 'd'가 'n'을 닮아 콧소리가 되는 현상으로 '카이너브'로 발음이 되는 경우도 있습니다. 그리고 앞 낱말의 끝부분이 모음인 경우-대개 모음 e가 나오는데- e가 거의 약하게 들리게 되어 무시된 채 모음 e 앞에 있는 자음이 뒤에 나오는 낱말 앞에 가서 붙어 소리가 나는 경우도 더러 있습니다. 자음이동은 곧 이어 나올 약모음이동과 방향이 반대입니다.

2) 약모음이동

약모음이동(弱母音移動; weak vowel shift)은 두 개의 낱말이 이어져 나올 경우, 가까이 있는 두 개의 낱말에서 뒤에 있는 낱말의 앞부분에 있는 철자인 약모음[ə]이 앞에 있는 낱말의 뒤에 가서 붙어 소리가 나는 현상입니다. 자음이동과 방향이 반대입니다. Are you i**n** **a** hurry?에서 뒤에 있는 낱말의 약모음 **a[ə]**가 앞에 있는 낱말에 붙어서 '인 어'가 아닌 '이너'로 소리가 나는 현상입니다.

I ha**ve**↶ **a** headache.
Children cannot swi**m**↶ **a**lone.
Why don't we ta**ke**↶ **a** break?
Should I li**ve**↶ **a**lone or wi**th**↶ **a** roommate?
Sorry I didn't answer the phone righ**t**↶ **a**way.

02 닮는 소리(동화)

닮는 소리는 동화(同化; assimilation)라고 합니다. 닮은 소리는 가까이 있는 두 개의 소리가 서로 닮아서 다른 소리로 나는 것을 일컫습니다. 닮는 소리에는 네 가지 현상 즉, 단타음화, 구개음화, 비음화와 역행동화가 있습니다. 모은 영어 소리가 이런 현상이 있는 것은 아니지만 미국영어(American English)에서 두드러지게 나타나는 현상입니다.

1) 짧게 치고 나오는 소리되기

짧게 치고 나오는 소리되기는 단타음화(單打音化; Flapped "t")라고 불리어지기도 합니다. 짧게 치고 나오는 소리되기는 철자 t(tt)나 d(dd)가 강한 모음(강모음)과 약한 모음(약모음) 사이에 놓이게 되면 t도, d도, r도 아닌 소리가 납니다. 강한 모음은 기본 모음인 a, e, i, o, u가 제대로 음을 내어 소리를 내는 것입니다. 약한 모음은 기본 모음이 약하게 소리를 내는 것으로 주로 [ə]로 소리를 내는 것입니다. 한 개의 영어 낱말에서 모음에 강세를 받게 되는데, 여러 개의 모음이 있다할지라도 한 개만 강하게 소리를 내고 다른 모음은 약하게 소리를 냅니다. I walk much better than I ride!에서 better는 '베터'가 아닌 '베러'에 가깝게 발음됩니다. 그리고 He is climbing a ladder.에서 ladder는 '레더'가 아닌 '래러'에 가깝게 발음됩니다. 짧게 치고 나오는 소리인 경우 한글로 표기할 수 없는 발음이지만, 영어로는 'r'로 표시합니다. 이런 음변화는 미국영어에서 자주 나오는 현상입니다. 이 현상을 익히려면 소리를 내어 발음연습을 해보고 듣는 방법 이외에는 다른 길이 없습니다.

Drink a lot of water (**wat⌒er**).
I **got⌒a** job in a clothing factory.
I **get⌒up** early to catch the first train.
I'm looking for a b**atte**ry (**bat⌒te**ry) for this camera.
Are you getting (**get⌒ti**ng) ready for the party (**part⌒y**)?

2) 구개음화

닮은 소리 가운데 하나인 구개음화(口蓋音化; palatalization)는 두 가지 즉, d[d]와 y[j]가 합쳐지면 [ʤ]로 소리가 나는 경우([d]+[j]=[ʤ])와 t[t]와 y[j]가 합쳐지면 [ʧ]로 소리가 나는 경우([t]+[j]=[ʧ])가 있습니다. 그런데 이 두 가지의 경우로만 발음되는 것은 아니고 따로 따로 발음을 하는 경우도 있습니다. Did you have a good weekend?에서 Did you의 d[d]와 y[j]가 이어져 나오면서 합쳐져 소리가 나게 되면 '디더 유'로 발음되기 보다 '디쥬'에 가깝게 발음됩니다. 그리고 What about you?에서 about you의 t[t]와 y[j]가 이어져 나오면서 합쳐져 소리가 나게 되면 '어바웃 유'로 발음되기 보다 '어바 우츄'에 가깝게 발음됩니다. 이런 현상은 미국영어(American English)에 좀 더 두드러진 현상입니다. 특히 팝송의 경우 대부분 이 소리 현상이 지켜지는 경우가 대부분입니다.

Di**d** ⌒ **y**ou see that?
How di**d** ⌒ **y**ou get there?
Coul**d** ⌒ **y**ou tell me where the bank is?
What kind of bread woul**d** ⌒ **y**ou like?
When di**d** ⌒ **y**ou go to the gym on Saturday?

I know wha**t** ⌒ **y**ou mean.
Why don'**t** ⌒ **y**ou call her?
You play football, don'**t** ⌒ **y**ou?
I'll mee**t** ⌒ **y**ou at your house.
Aren'**t** ⌒ **y**ou going to see a movie tomorrow?

3) 콧소리되기

닮는 소리에서 콧소리되기 즉, 비음화(鼻音化; nasalization)는 철자 nt가 붙어 있는 경우에 해당됩니다. What kind of art?에서 콧소리되기는 'nt'에서 뒷소리 't' 앞에 있는 콧소리 'n'을 닮아 콧소리로 되는 현상입니다. 'nt'에서 't'는 앞에 있는 콧소리

'n'을 닮아서 'n'으로 변하여 'nn'이 된다. 'nn' 'n'이 두 번 겹쳐 나오기 때문에, 앞의 'n'은 탈락됩니다. 따라서 'nt'는 'n'으로 발음된다. 'nt'음이 반드시 이렇게 되는 것은 아니지만, 일상적인 구어체에서 많이 들을 수 있는 현상입니다.

그런데 'nt'만이 콧소리로 되는 것은 아니고 'nd'도 콧소리로 되는 경우가 가끔씩 있습니다. 그 이유는 't'나 'd'는 같은 위치에서 소리가 나는 무성음과 유성음이기 때문입니다. 그리고 don't나 doesn't의 경우 바로 뒤에 자음으로 시작되는 낱말이 놓이기 때문에 't'가 탈락될 수도 있습니다.

It was disappoi**nt**ing.

The man is pai**nt**ing a picture.

You've always wa**nt**ed to work overseas.

I have an appoi**nt**ment every week at this time.

This is a nice party, is**n't** it? Everyone is so friendly.

What ki**nd** of work do you do?

She's ki**nd** of tall with brown hair.

I'm not desperate to fi**nd** a job at the moment.

Do you mind le**nd**ing me this book? I'd like to read it.

Yeah I do a lot of cooking. I ki**nd** of enjoy it. It helps me relax.

4) 역행동화

닮는 소리 현상 가운데 역행동화(逆行同化; retro-assimilation)는 뒷소리의 영향을 받아 앞의 소리가 바뀌면서 닮는 현상입니다. 여기에는 let me~와 give me~의 경우가 있습니다.

(1) let me~의 경우

Let me introduce myself.에서 let me의 경우에는 let의 't'가 me에 있는 'm'의 영향을 받아 'lem'으로 변합니다. 따라서 lemme로 되는 현상입니다. 이

상태에서 표기되기도 하지만, 소리는 'mm'이 겹치기 때문에 앞의 'm'이 탈락되어 '레미'에 가깝게 발음됩니다.

Let me see.
Let me see your receipt.
Let me get you some aspirin.
I don't know, let me take a look.
Just let me have a look at her schedule.

(2) give me~의 경우

Can you give me his phone number?에서 give me의 경우에는 give에서 끝에 있는 모음 e는 본래 소리가 약해 잘 들리지 않습니다. 그래서 give의 'v'가 me에 있는 'm'의 영향을 받아 'gim'으로 변합니다. 따라서 gimme로 변하는 현상입니다. 이 상태에서 표기되기도 하지만, 소리는 'mm'이 겹치기 때문에 앞의 'm'이 탈락되어 '기미'에 가깝게 발음됩니다.

Give me another part.
Could you give me a ride?
Could you give me the address?
Just give me a tuna fish sandwich.
Can you give me an example of that?

03 없어지는 소리(탈락)

없어지는 소리는 탈락(脫落; deletion)이라고 합니다. 없어지는 소리는 네 가지 경우에 일어납니다. 첫째, k/g, p/b, t/d가 자음과 자음 사이에 놓이면 없어져 버립니다. 둘째, 가까이 있는 두 개의 낱말 또는 한 개의 낱말에서 같은 철자가 이어져 나오게 되면 앞에 있는 철자가 없어집니다. 셋째, 두 개의 낱말에서 가까이 있는 두 개의 철자 발음이 비슷하면 앞에 있는 철자가 없어집니다. 넷째, 두 개의 낱말에서 가까이 있는 두 개의 철자가 다르지만 발음이 같으면 앞에 있는 철자가 없어집니다. 이 네 가지가 없어지는 소리 현상입니다.

1) k/g, p/b, t/d가 자음과 자음 사이에 있는 경우

It depends.에서 depends의 경우에는 뒷부분에 있는 'd'가 소리나지 않습니다. 영어 소리를 낼 때 여섯 개의 철자 k/g, p/b, t/d가 자음과 자음 사이에 놓이면 없어집니다. k/g, p/b, t/d가 파열음(破裂音)으로 발음을 할 때 갑자기 터져 나오는 소리이기 때문에, 발음을 할 때 철자와 철자 사이에 공기를 넣어줄 시간이 없게 됩니다. 대부분의 자음은 모음과 더불어 사이좋게 가까이 놓여 있어 자음과 모음 모두 제대로 소리를 낼 수 있는데, 세 개의 자음이 연이어 나오는 경우에는 결국 사이에 있는 자음이 치일 수밖에 없습니다. 더더구나 이 여섯 개의 철자의 왼쪽과 오른쪽에 자음이 있기 때문에 어쩔 도리가 없이 소리내기가 힘들어져 아예 소리를 내지 못하게 됩니다. 이런 음변화는 영어 발음에서 자주 나오는 것이기 때문에 꼭 알고 있어야 합니다.

Than**k**s!
I visited my gran**d**children.
Could I take nex**t** Monday off?
Some of the studen**t**s did very well.
We hope you all have a very merry Christmas.

2) 가까이 있는 두 개의 낱말 또는 한 개의 낱말에서 같은 철자가 겹치게 되는 경우

I think I went twice.에서 went의 't'와 twice의 't'의 경우에 앞의 't'는 탈락이 됩니다. 이와 같이 가까이 있는 두 개의 낱말 또는 한 개의 낱말에서 같은 철자가 이어져 나오게 되면 앞에 있는 철자가 없어집니다. 영어에서 똑같은 두 개의 철자가

이어져 나올 때 앞의 철자가 생략하여 발음하게 됩니다. 한국어의 된소리는 영어에서 제대로 소리가 나지 않는다는 뜻이 됩니다. 이런 탈락은 한 낱말 안에서도 있을 수 있겠지만, 두 낱말이 이어져 나올 경우에도 해당이 됩니다.

We went swi**m**ming.

The lamp is nex**t** to the table.

Jane stays at home wi**th** the baby.

Wha**t** time was the conference call?

I wan**t** to know the results of the election.

3) 두 개의 낱말에서 가까이 있는 철자의 발음이 비슷한 경우

When did the package arrive?에서 did와 the의 경우에 did의 'd'[d]와 the[ðə]의 [ð]가 발음이 비슷하여 앞의 the가 탈락됩니다. 두 개의 낱말에서 가까이 있는 철자의 발음이 비슷하면 앞에 있는 철자가 없어집니다. 이런 경우 단순히 철자가 비슷한 경우가 많지만, 결과적으로 소리가 비슷한 경우에 해당된다고 보는 것이 더 알맞을 것 입니다. 이런 탈락 현상은 주로 자음 두 개가 연이어 있을 때 일어나는 경우가 대부분입니다.

Why i**s sh**e happy?

They ha**d t**o leave yesterday.

Have you me**t the** new manager?

I just me**t the** new board members.

The cleaner's is nex**t d**oor to the bank.

4) 두 개의 낱말에서 가까이 있는 철자가 다르지만 발음이 같은 경우

Police say.에서 Police의 'ce'[s]가 발음되고, say의 's'와 같은 발음이 되기 때문에, 앞의 'ce'가 탈락되어 '폴리 세이'에 가깝게 발음됩니다. 이와 같은 현상은 영어에서 드문 경우입니다. 이 경우는 두 개의 낱말에서 가까이 있는 철자가 다르지만 발음이 같으면 앞에 있는 철자가 없어집니다. 이런 경우는 없어지는 소리 현상인 탈락이긴 하지만 영어에서 드물게 나옵니다.

I've lived here since September 1st.

He has not seen her since Saturday.

I stayed home and watched television.

They've been so kind to me since Sara died.

I'm sure he will have arrived downtown by now.

04 줄어진 소리(축약)

일반적으로 우리가 영어의 모든 음을 하나하나 분리하야 또렷하고 분명하게 소리를 내는 것은 아닙니다. 이런 경우 언어의 경제성 때문에 줄여서 소리를 내는 경우가 많습니다. 줄어진 소리 또는 줄인 소리는 축약(縮約; contraction)이라고도 합니다. 이것은 낱말의 일부를 아포스트로피(')(apostrophe)를 찍고 줄여서 소리를 내는 현상입니다.

줄어진 소리의 경우, 우리가 잘 아는 경우와 같이 Be 동사, Have 동사나 부정형 등과 같이 일반적으로 줄이는 경우—I am=I'm, You are=You're, He is=He's, She is=She's, I/He/She was not=I/He/She wasn't, You/We/They were not=You/We/They weren't, He has=He's, She has=She's, He have=He've, She have=She've, They have=They've, Here is not=Here isn't, There is not=There isn't, Here are not=Here aren't, There are not=There aren't, I/You do not=I/You don't, She/He does not=She/He doesn't—등이 있고, 낱말의 일부를 줄이는 경우— because='cause, madam 또는 madame=ma'am —등 또는 소리가 나는대로 발음하는 경우—I don't know-I dunno— 등과 이어지는 발음을 하는데 어려움이 있기 때문에 줄이는 경우—doing=doin', and='n, I miss them=I miss 'em—등과 도우미동사(조동사)를 줄이는 경우—I/He/She/We/They will=I/He/She/We/They'll, He will not=He won't, I could not=I couldn't, She should not=She shouldn't—등이 있습니다.

줄어진 소리 가운데 가장 어려운 발음은 '~'ll'의 경우입니다. 그 이유는 여기에 있는 철자 'l'이 우리나라 발음에는 없는 소리이면서, 영어에서 제대로 소리를 내려고 하면 혀를 입천장에 붙여서 소리를 내야 하기 때문에, 가장 어려운 축약 현상 가운데 하나가 되고 있습니다.

How'**re** you doing?
I'**d** like a single room, please.
That'**s** OK. Do**n't** worry about it.
I'**ll** pick you up on Friday, around 7: 30.
Well, there'**s** a jazz concert at Jack'**s** Place.

05 주의해야 할 발음

영어에서 주의해야 할 발음으로 tr~과 dr~ 소리의 경우, wh~ 소리의 경우, can과 can't의 경우, have to, has to와 had to의 경우, used to의 경우, 허물없이 발음하는 경우, one of~ 등의 경우와 도우미동사(조동사)의 과거+have+동사의 과거분사의 경우에 주의해서 발음을 해야 하는 경우가 해당됩니다.

1) tr~과 dr~ 소리의 경우

(1) tr~발음의 경우

'tr~'의 발음은 '츠'와 '추'의 중간쯤 되는 소리로 '츄'에 가깝게 발음됩니다. 아마도 'tr~'은 두 자음이 이어져 나오기 때문에 발음을 하려다 보면 't'와 'r'의 거리가 상당히 멀리 떨어져 있기 때문에, 그 두 소리의 중간쯤을 발음하려고 하는 경향이 있을 것입니다. 우리나라에서 한글로 표기할 때는 '트ㄹ~'로 하고 있습니다. 가령 trip은 '츄립'이 아니라 '트립'으로 표기한다는 뜻입니다.

We planted a screen of tall **tr**ees.

Try to do without tobacco and alcohol.

Muscles con**tr**act and relax during physical activity.

I've been in **tr**ouble since I was eleven years of age.

EU citizens can now **tr**avel freely between member states.

(2) dr~발음의 경우

'dr~'의 발음은 '드'와 '주'의 중간쯤 되는 소리로 '쥬'에 가깝게 발음됩니다. 아마도 'dr~'은 두 자음이 이어져 나오기 때문에 발음을 하려다 보면 'd'와 'r'의 거리가 상당히 멀리 떨어져 있기 때문에, 그 두 소리의 중간쯤을 발음하려고 하는 경향이 있을 것입니다. 우리나라에서 한글로 표기할 때는 '드ㄹ~로' 하고 있습니다. 가령 drip은 '쥬립'이 아니라 '드립'으로 표기한다는 뜻입니다.

Her face was **dr**ipping with sweat.

Would you care for another **dr**ink?

He crashed into a tree in **dr**iving rain.

The air smelled powerfully of **dr**y dust.

The money is safely locked in a **dr**awer.

2) wh~ 소리의 경우

'wh~'로 시작되는 영어 발음은 우리가 실제 알고 있는 것과 다르게 들립니다. 'wh~'로 시작되는 낱말은 'w' 뒤에 있는 'h'의 소리가 보통 들리지 않습니다. 그러니까 where의 발음은 '훼어'로 들린다기 보다 '웨어'에 가깝게 들린다는 뜻입니다. 여기에 해당되는 것으로 what, why, when, which와 white 등이 있습니다. 그러나 사람과 관련된 who, whose, whom은 예외로 'h'의 소리가 나서 who의 경우 '후'라고 발음하지 '우'라고 발음하지 않습니다.

Why did he do it?

Which is the shortest day of the year?

Stop bothering me **wh**en I'm working.
It will certainly be a **wh**ite Christmas for some.

Who does this watch belong to?
So **wh**ose party was it last night?
"I want to send a telegram."-"Fine, to **wh**om?"

3) can과 can't의 경우

can과 can't는 구별하여 소리를 내야 합니다. can과 can't는 기능낱말(기능어)이기 때문에 약하게 발음합니다. 그런데 can이 문장의 끝에 오는 경우에는 [kæn]으로 발음하고, 글의 중간에 들어가는 경우에는 [kən]과 같이 약하게 소리가 납니다. 그리고 can't의 뒤에 낱말이 오는 경우 can't에 있는 't'가 자음과 자음 사이에 놓이기 때문에 탈락하게 됩니다. 따라서 can과 구별하기 위해 can't는 [kæn]으로 발음하거나 [kænt]로 발음됩니다. 일반적으로 can은 약간 짧게 발음되고, can't는 약간 길게 발음되는 경향이 있습니다.

Can I sit next to you?
Can I ask a favour of you?
I wonder if you can help me.

We **can't** be together all the time.
Don't tell me you can't remember.
You can't mix business with pleasure.

4) have to, has to와 had to의 경우

have to는 '~해야 한다'라는 뜻으로 발음은 [hæftə]로 하고, 과거형인 had to는 [hætə]로 발음해야 합니다. 특히 had 새의 최종 발음은 'd'와 't'가 비슷한 소리이기 때문에 앞의 'd'가 탈락되어 뒤의 't'만 발음됩니다. has to의 경우에는 [hæstə]로 발음이 됩니다.

You don't **have to** sing.

Did she have to pay a fine?

When do you have to let them know?

One of them **had to** leave.

They finally had to admit defeat.

The plan had to be abandoned on grounds of cost.

She **has to** do her homework tonight.

The design has to appeal to all ages and social groups.

The customer has to deposit a minimum of $100 monthly.

5) used to의 경우

used to는 '~하곤 했다'라는 뜻으로 발음은 [justə]입니다. 이것은 사람의 어떤 행위가 과거에 규칙적으로 이루어진 반복적인 어떤 것을 말하는데, 지금은 더 이상 하지않는 행위나 상황을 말하거나 변한 과거의 상태에 관해 이야기할 때 쓰입니다. 이것은 과거에는 옳았던 그 무엇이 이제 더 이상 옳지 않음을 뜻합니다. used to 다음에 단순 동사가 뒤따릅니다.

She **used to** cook every day.

He **used to** play in the garden.

Kids **used to** trade baseball cards.

I admit I can't see as well as I **used to**.

They **used to** visit her grave twice a year.

6) 허물없이 발음하는 경우

허물없이 발음하는 경우에 세 가지가 있습니다. 이것은 want to를 wanna로, going to를 gonna로, 그리고 trying to를 tryna로 발음하는 경우입니다. 그런데 이 가운데 tryna는 그렇게 자주 사용되고 있지 않지만 앞의 다른 두 가지와 같은 현상이기 때문에 익혀 두면 도움이 될 것입니다.

(1) wanna의 경우

wanna는 want to가 음변화를 통해 미국영어에서 대부분의 사람들이 사용하고 있는 것입니다. want to에서 want의 't'가 뒤에 있는 to의 't'와 같은 철자이기 때문에 없어지게 되고(wan), to의 't'가 앞에 있는 wan에서 콧소리인 'n'을 닮아 'n'으로 되고, 'o'는 약모음인 [ə]로 되는데, 약모음 [ə]가 표기하는데 불편함이 있어 a로 해놓은 것으로 볼 수 있습니다. 따라서 want to는 wanna로 된 것입니다. 이 변화 과정은 want to→wan to→wan nə→wannə→wanna입니다. 이 현상은 going to가 gonna로 되고, trying to가 tryna로 되는 것과 같습니다. 일반적으로 want to로 표기되어 있어서 실제 발음을 하거나 입말체에서는 대부분 wanna로 발음합니다.

Do you **wanna** get a prize?

Do you **want to** go with me?

I don't **wanna** send the money.

What do you **wanna** do tonight?

Wanna play with me and my friends tonight?

(2) gonna의 경우

gonna는 going to가 음변화를 통해 이루어진 것입니다. going to에서 going의 'ing'는 발음상 하기 힘들기 때문에 줄여서 'in''으로 하여 'g'를 발음하지 않습니다. 그리고 to의 't'는 앞 goin'의 'n'과 만나면 콧소리인 'n'을 닮아 콧소리로 되기(비음화) 때문에 'n'으로 됩니다. 그 다음 goin' nə는 발음상 불편하기 때문에 gonne로 발음된다. 그리고 마지막 gonne에서 'e'는 일반적으로 표기하는데 불편하기 때문에 그냥 표기하기에 좋은 'a'로 남겨둔 것입니다. 일반적으로 going to로 표기 되어 있어도 입말체에서는 대부분 gonna로 발음됩니다. 따라서 going to가 gonna로 된 것입니다. 이 변화 과정은 going to→goin' to→goin' nə→gonnə→gonna입니다. 이 현상은 want to가 wanna로 되고, trying to가 tryna로 되는 것과 같습니다.

He's **gonna** be twelve.

I'm **gonna** call the cops.

I'm **going to** go to the post office.

She's **going to** go away next summer.

I'm **going to** ask my husband which one he wants!

(3) tryna의 경우

tryna는 trying to가 음변화를 통해 이루어진 것으로 격식을 차리지 않는 입말체에서 사용되는 것입니다. trying to에서 trying의 'ing'는 발음상 하기 힘들기 때문에 줄여서 'in''으로 하여 'g'를 발음하지 않습니다. 그리고 to의 't'는 앞 tryin'의 'n'과 만나면 콧소리인 'n'을 닮아 콧소리로 되기(비음화) 때문에 'n'으로 됩니다. 그 다음 tryin' nə는 발음상 불편하기 때문에 trynna로 발음됩니다. 그리고 마지막 tryna에서 'n'이 겹치기 때문에 앞의 'n'이 탈락되어 tryna로 됩니다. 아마도 이것은 발음을 하는데 자연스럽게 하기 위해 tryna로 한 것으로 생각해 볼 수 있습니다. 따라서 trying to가 tryna로 된 것입니다. 이 변화 과정은 trying to→tryin' to →tryin' nə→trynna→tryna입니다. 이 현상은 want to가 wanna로 되고, going to가 gonna로 되는 것과 같습니다. 그런데 tryna는 wanna나 gonna의 경우와 비교가 되지 않을 정도로 영어에서 드물게 나타납니다.

The man is **tryna** get a taxi.

Well, I'm **trying to** find a new job.

Are you **trying to** do a British accent?

I guess I see what you're **trying to** say.

We're still **trying to** appraise the two firms.

7) one of~ 등의 경우

One of~의 경우 빨리 소리를 내게 되면 of의 'f'는 자음 앞에서 탈락하게 됩니다. 따라서 of의 발음이 '어브[əv]'이기 때문에 결과적으로 of의 발음은 '어[ə]'로 됩니다. 그리고 이와 같은 현상은 All of~, None of~, Some of~, Most of~나 Many of~경우에도 똑같이 적용될 수 있습니다.

It's **one of** my many mistakes.
This city is still **one of** the world's best.
I always think of you as **one of** the family.

These are trying times for **all of** us.
Some of these pills don't mix with drink.
Many of the stories are based on rumour.
None of us is entirely blameless in this matter.

8) 도우미동사(조동사)의 과거+have+동사의 과거분사의 경우

주의해야 할 발음 가운데 도우미동사(조동사)+have+과거분사(past principle)의 경우—주로 과거에 일어난 그 무엇에 대해 시기적으로 너무 늦어 상대방의 과거의 행위에 대해 충고가 별 도움이 되지 않을 경우—처럼 겉으로 보기에 세 개의 낱말이 나열되어 있다 할지라고, 한 박자에 맞추어야 하기 때문에 have를 ''ve'로 줄여서 약하게 발음해야 합니다. 또는 표기는 줄여져 있지 않더라도 실제 발음을 할 때는 줄여서 발음해야 합니다. 예를 들면 could have been은 could've been, must have taken은 must've taken, might have been은 might've been, ought to have known은 ought to've known으로 그리고 should have listened는 should've listened 등으로 소리를 내야 합니다.

You must have met my older brother.
(=You **must've met** my older brother.)

You ought to have asked John to help.

(=You **ought to've** asked John to help.)

He could have said that, I don't remember.

(=He **could've said** that, I don't remember.)

I might have gotten here on time, if the bus hadn't been late.

(=I **might've gotten** here on time, if the bus hadn't been late.)

If I had seen the advertisement in time I would have applied for the job.

(=If I had seen the advertisement in time I **would've applied** for the job.)

이 책의 각 팝송에서 '* 영어 발음 제대로 듣거나 말하기' 코너는 1. 이어지는 소리(연음)의 경우—1) 약모음 이동, 2) 자음 이동—, 2. 없어지는 소리(탈락)의 경우, 3. 닮는 소리(동화)의 경우, 4. 줄어드는 소리(축약)의 경우와 5. 주의해야 할 발음 순서로 소개되고 있습니다.

이 책의 각 팝송에서 '* 영어 발음 제대로 듣거나 말하기' 코너에서 한글로 설명을 할 때 '가깝게 발음된다'라는 뜻은 한국말에는 없지만 영어로는 발음이 된다는 뜻입니다. 소리 내어 영어로 하면 제대로 발음할 수 있지만, 한글로 정확하게 표기할 수 없다는 뜻으로 이해하면 될 것입니다. 특히 영어에는 있지만 한국말에 없는 소리나 발음은 대부분의 한국 영어 학습자들은 제대로 교육을 받지 않으면 틀리는 경우가 대부분입니다.

pop song English essay ②

PART

마주 치는 팝송

You Mean Everything To Me

Sung by Neil Sedaka

You are the answer to my lonely prayer
You are an angel from above
I was so lonely till you came to me
With the wonder of your love

I don't know how I ever lived before
You are my life my destiny
Oh, my daring, I love you so
You mean everything to me

If you should ever, ever go away,
There would be lonely tears to cry
The sun above would never shine again.
There would be teardrops in the sky

So hold me close and never let me go
And say our love will always be
Oh, my darling, I love you so
You mean everything to me

So hold me close and never let me go
And say our love will always be
Oh, my darling, I love you so
You mean everything to me

당신은 내 모든 의미예요

나일 세드카의 노래

당신은 내 외로운 기도에 대한 응답입니다
당신은 하늘에서 내려 온 천사
경이로운 당신의 사랑으로 당신이
내게 오기까지 난 너무 외로웠어요

내가 전에 어떻게 살아왔는지 조차 난 모르겠어요
당신은 나의 생명, 나의 운명
오, 그대여, 난 당신을 너무나 사랑해요
당신은 나에게 모든 것을 의미해요

만일 당신이 멀리 떠나버린다면
슬픔의 눈물을 흘리겠지요
저 하늘의 태양은 다신 빛나지 않을 거에요
하늘에는 눈물만이 남겠지요

그러니 절 꼭 안고 그리고 절대 놓지 마세요
그리고 우리 사랑은 영원하다고 말해 주세요
오, 그대여, 난 당신을 너무나 사랑해요
당신은 나에게 모든 것을 의미해요

그러니 절 꼭 안고 그리고 절대 놓지 마세요
그리고 우리 사랑은 영원하다고 말해 주세요
오, 그대여, 난 당신을 너무나 사랑해요
당신은 나에게 모든 것을 의미해요

* 영어 발음 제대로 듣거나 말하기

1) 이어지는 소리(연음)의 경우

(1) 약모음 이동

from above, go away, sun above, shine again,

from above에서 above의 a가 약모음 [ə]가 되어 앞 낱말 끝부분에 가서 붙어 '훠라머 바버'에 가깝게 발음된다. sun above도 마찬가지 경우이다. go away에서 away의 a가 약모음 [ə]가 되어 앞 낱말 끝부분에 가서 붙어 '고어 웨이'로 발음된다. shine again에서 again의 a가 약모음 [ə]가 되어 앞 낱말 끝부분에 가서 붙어 '샤이너 겐'또는 '샤이너 게인'로 발음된다. again은 미국영어)(American English)와 영국영어(British English)에서 발음이 다르다. 이것은 미국영어에서는 어겐[əgen]으로 발음되고, 영국영어에서는 어게인[əgein]으로 발음된다.

(2) 자음 이동

wonder of, love you

wonder of에서 wonder의 자음 r이 뒤에 있는 낱말 앞부분에 가서 붙어 '원더러브'로 발음된다. of는 [əv] 또는 [ə]로 발음된다. love you에서 love의 자음 v가 뒤에 있는 낱말 앞부분에 가서 붙어 '러 뷰'로 발음된다. love의 끝에 있는 모음 e는 약하게 발음되어 무시해도 될 정도이다.

2) 없어지는 소리(탈락)의 경우

was so, till, With the, don't know, lived before, would be, hold me, and never, And say

was so에서 was의 s와 so의 s는 같은 철자가 겹쳐 나오기 때문에 앞의 s가 탈락되어 '워 소우'로 발음된다. till도 마찬가지 경우이다.

With the에서 With의 th와 the의 th는 같은 철자이자 같은 발음이기 때문에 With의 th가 탈락되어 '위 더'에 가깝게 발음된다.

don't know에서 don't의 t는 자음 n과 know의 자음 k 사이에 놓이기 때문에 탈락되어 '던 노우'로 발음된다. 이와 같이 자음과 자음 사이에 놓이는 여섯 개의 파열음인 철자—k/g, p/b, t/d—사이에 놓여 탈락되는 예로 would be, hold me, and never와 And say가 해당된다.

lived before에서 lived에서 -ed 발음 [d]가 before의 자음 b 사이에 놓이기 때문에 앞의 [d]가 탈락되어 '리버 비호' 또는 '리버 버호'에 가깝게 발음된다.

3) 닮는 소리(동화)의 경우

let me

let me에서 let의 t는 바로 뒤에 나온 me의 m을 닮아 t가 m으로 바뀌어 Lemme로 표기하기도 하지만, 발음은 대부분 '레미'로 발음된다.

4) 줄어진 소리(축약)의 경우

don't

부정형인 don't가 있다.

5) 주의해야 할 발음

teardrops, sky

teardrops에서 'dr~'의 발음은 '드__'와 '주'의 중간쯤 되는 소리로 '쥬'에 가깝게 발음된다. teardrops는 '티어드랍스'라기 보다 '티어쥬랍스'에 가깝게 발음된다.

sky에서 s+k/p/t가 되면 된소리에 가깝게 소리가 난다. 대부분 k/p/t가 들어간 낱말은 h가 들어가는 소리를 내게 되는데, s+k/p/t의 경우는 h 소리가 들어가지 않고 된소리에 가깝게 발음된다. 그러니까 sky는 '스카이'라기 보다 '스까이'에 가깝게 발음된다.

* 팝송에 들어 있는 쓸모 있는 영어 표현들

1. You are the answer to my lonely prayer: **lonely**는 말꼬리(접미사)가 -ly로 끝나기 때문에 부사로 보기 쉬운데 부사가 아니고 형용사로서 1) '외로운, 쓸쓸한', 2) '(상황 · 시기가) 외로운[쓸쓸한](혼자 있는 · 보내는)'과 3) 명사 앞에만 쓰여 '(장소가) 인적이드문, 쓸쓸한'이란 뜻으로 쓰인다. 말꼬리가 -ly가 끝나지만 형용사로 쓰이는 낱말들로는 lovely, ugly와 likely 등이 있다.

1)의 예문들은 다음과 같다.

I could see she was **lonely**.
(그녀가 외롭다는 걸 알 수 있었다.)

She lives alone and often feels lonely.
(그녀는 혼자 살고 자주 외로움을 느낀다.)

It is quiet and lonely on this deserted street.
(이곳은 적막하고 쓸쓸한 버림받은 거리이다.)

2)의 예문들은 다음과 같다.

It was a very bleak, very **lonely** time for me.
(내겐 매우 암울하고 외로운 시기였지요.)

The most comfortable prison is still a lonely place.
(가장 편안한 감옥은 여전히 쓸쓸한 장소이다.)

I desperately needed something to occupy me during those long, lonely nights.
(나는 그 길고 외로운 여러 밤 동안 열중할 수 있는 뭔가가 간절히 필요했다.)

3)의 예문들은 다음과 같다.

They were cast away on a **lonely** island.
(그들은 인적이 드문 한 섬에 버려짐을 당했다.)

Here is a lonely road I've never seen before.
(이곳은 이전에 결코 본적이 없는 인적이 드문 길이다.)

The lonely old man lived with two unsympathetic daughters.
(그 쓸쓸한 노인은 동정심이 없는 딸 둘하고 살고 있었다.)

2. 여기서 **everything**은 여러 가지 뜻인 禊) 모든 것, 모두, 2) (현재의 일반적인 상황 · 생활을 나타내는) 모든 것, 3) 전부, 가장 중요한 것"이란 뜻이 있지만, 이 노래에서는 3)의 뜻으로 쓰이고 있다. You mean everything to me는 '나에게 가장 중요한 존재'라는 뜻으로 이해하면 될 것이다.

3. If you should ever, ever go away: **go away**는 '(사람 · 장소를) (떠나) 가다, (특히 휴가를 맞아) 집을 떠나다[어디를 가다], 없어지다, 도망치다'라는 뜻으로 쓰인다. 예문들은 다음과 같다.

We've decided not to **go away** after all.
(우리는 결국 가지 않기로 결정했다.)

We put the dog in kennels when we go away.
(우리가 어디 갈 때는 개를 돌봐 주는 곳에 맡긴다.)

Distracting thoughts go away when I concentrate on the work.
(내가 일에 집중하다 보면 잡념이 사라진다.)

4. There would be lonely tears to cry: 여기서 **would**는 '…일[할] 것이다(상상하는 일의 결과에 대해 말할 때 씀)'라는 뜻으로 쓰인다. 예문들은 다음과 같다.

She**'d** be a fool to accept it.
(그것을 받아들인다면 그녀는 바보일 것이다.)

She'd look better with shorter hair.
(그녀는 머리를 더 짧게 하면 더 보기 좋을 것이다.)

If you went to see him, he would be delighted.
(네가 그를 만나러 가면 그가 아주 기뻐할 것이다.

기억할 만한 영어 문장

1. You mean everything to me.
(당신은 나에게 모든 것을 의미해요.)

2. The sun above would never shine again.
(저 하늘의 태양은 다신 빛나지 않을 거예요.)

3. You are the answer to my lonely prayer.
(당신은 내 외로운 기도에 대한 응답입니다.)

* 팝송 에세이

사랑하는 대상은 사랑하는 이에게 그 무엇보다도 가장 중요하고 소중한 존재이다. 사랑하는 대상은 천상에서 지상으로 내려온 존재인 것이다. 사랑하는 이가 오기 전까지 너무 외로운 존재였다. 그렇다. 사랑하지 않고 사랑받지 않은 존재는 인간으로서 가치 하락은 불가피할 것이다. 사랑하기 전까지의 삶과 사랑하게 되고 나서의 삶은 완전히 다를 것이다. 어쩌면 서로 다른 세상에서 사는 느낌일 것이다. "그리고 절 꼭 안고 그리고 절대 놓지 마세요 / 그리고 우리 사랑은 영원하다고 말해 주세요 / 오, 그대여, 난 당신을 너무나 사랑해요 / 당신은 나에게 모든 것을 의미해요"라며 사랑하는 대상을 꼭 껴안고 절대 놓지 말라고 요구할 수도 있고, 영원히 사랑해달라고 간청할 수도 있다.

사랑하는 대상이 멀리 떠나버린다면 그 이별의 슬픔으로 눈물도 흘리겠지만 하늘의 태양마저 빛나지 않을 정도로 하늘에는 눈물만이 남을 것이라고 과장해서 표현하기도 한다. 그만큼 사랑하는 이에게 삶의 의미이자 삶 그 자체인 사랑하는 존재가 떠난다는 것은 상상할 수 없다는 것은 사랑하고 있는 당사자들은 너무도 잘 알고 있다. 그만큼 사랑하는 이의 존재 가치만 생각한다는 것이다. 그렇기에 사랑하는 이는 정말 가장 소중한 존재로 남아 있는 것이다.

우리가 살아가면서 의미를 만들어간다고 생각할 때 어디에서 그런 의미의 중요한 가치를 찾을 수 있을까요? 의식하든 의식하지 않든 사랑에서 삶의 중요한 의미를 찾을 수 있을 것이다. 직접적으로나 간접적으로 연관을 지어 생각해 보면 사랑과 관련되지 않은 것이 거의 없을 정도로 우리들의 삶과는 뗄래야 뗄 수 없는 관계가 삶과 사랑과의 관계이다. 가정, 학교 및 사회 문제는 사랑의 결핍이나 사랑의 궁핍 또는 사랑의 부재에서 시작되어 곪아 터지는 경우가 대부분이다. 요즈음은 많은 사람들의 경우에 사랑이 결핍이나 궁핍의 경우가 너무 많아서 사람들에게 말을 할 때도 정말 조심스럽게 가려가면서 이야기를 해야 할 정도이다. 달리 말하면 우리가 사랑의 회복을 위한 모든 노력을 게을리 할 수 없는 이유이다.

Evergreen

Sung by Barbara Streisand

Love soft as an easy chair
Love fresh as the morning air
One love that is shared by two
I have found with you.

Like a rose under the April snow
I was always certain love would grow
Love ageless and evergreen
Seldom seen by two

You and I will make each night a first
Everyday a beginning
Spirits rise and their dance is unrehearsed

They warm and excite us
'Cause we have the brightest love
Two lights that shine as one
Morning glory and the midnight sun

Time weve learned to sail above
Time won't change
The meaning of one love
Ageless and ever
Evergreen

늘 푸른

바바라 스트라이샌드의 노래

사랑은 편안한 의자와 같이 부드럽고
이른 아침 공기처럼 신선하지요
두 사람이 함께 나누게 되는 유일한 사랑을
당신과 함께 비로소 알게 되었지요

사 월 눈 속에서 피어나는 장미처럼
난 사랑이 자라게 될 것이란 걸 언제나 확신했어요
사랑은 영원하고 늘 푸른데
이런 둘만의 사랑은 좀처럼 보지 못했어요

당신과 나는 매일 밤을 첫날처럼 만들 거예요
매일 기분이 고조되기 시작하고
그리고 춤추는듯한 그런 기분은 준비되지 않은 것이에요

우리는 가장 밝은 사랑을 하기 때문에
따뜻하고 즐거울 거요
나팔꽃과 한밤중의 태양처럼 하나가 되듯이
두 개의 불빛이 하나가 되어 빛나고 있어요

우리는 위로 항해하기 위해 배운 시간
시간은 하나의 사랑에 대한 의미를 바꿀 수 없을 거예요
영원하고 언제까지나
늘 푸른

두 개의 불빛이 하나처럼 비치듯

* 영어 발음 제대로 듣거나 말하기

1) 이어지는 소리(연음)의 경우

(1) 약모음 이동

as an, Like a, night a, sail above

as an에서 an의 a가 약모음 [ə]가 되어 앞 낱말 끝부분에 가서 붙어 '애전'으로 발음된다. Like a와 night a도 마찬가지 경우이다. sail above에서 above의 a가 약모음 [ə]가 되어 앞 낱말 끝부분에 가서 붙어 '세일러 바브'에 가깝게 발음된다.

(2) 자음 이동

soft as, dance is, shine as, and ever

soft as에서 soft의 자음 t가 뒤에 있는 낱말 앞부분에 가서 붙어 '소프 터즈'로 발음된다. shine as도 마찬가지 경우이다. dance is에서 dance의 자음 c가 뒤에 있는 낱말 앞부분에 가서 붙어 '댄 시즈'로 발음된다. dance의 끝에 있는 모음 e는 약하게 발음되므로 무시해도 될 정도이다. and ever에서 and의 자음 d가 뒤에 있는 낱말 앞부분에 가서 붙어 '앤 데버'로 발음된다.

2) 없어지는 소리(탈락)의 경우

shared by, found with, would grow, and the, midnight sun, learned to, won't change

shared by에서 shared의 -ed 발음 [d]는 자음 r과 by의 자음 b 사이에 놓이기 때문에 탈락되어 '셰어 바이'로 발음된다. 이와 같이 자음과 자음 사이에 놓이는 여섯 개의 파열음인 철자—k/g, p/b, t/d—사이에 놓여 탈락되는 예로 found with, would grow, midnight sun와 won't change가 해당된다.

and the에서 and의 d는 the의 th- 발음 [ð]와 비슷한 발음이기 때문에 앞의 d는 탈락되어 '앤 더'에 가깝게 발음된다.

learn**ed** to에서 learned에서 -ed의 발음 [d]와 to의 t와 발음이 나는 곳이 같기 때문에 [d]가 탈락되어 '런 터'로 발음된다.

3) 닮는 소리(동화)의 경우

tha**t** is

tha**t** is에서 t(t)가 강모음과 약모음 사이에 놓이면 단타음(單打音)으로 되어 t도, d도, r도 아닌 발음이 된다. that is는 '대리즈'에 가깝게 발음된다. 이 소리는 한글로 정확하게 표기할 수 없으며 오직 소리로만 익힐 수밖에 없다. 특히 미국영어(American English)에서 두드러진 현상이다. lot of도 마찬가지 경우이다.

4) 줄어진 소리(축약)의 경우

'Cause, we**'ve**

'Cause는 Because의 줄어진 형태이다.

have 동사의 경우인 we**'ve**가 있다.

* 팝송에 들어 있는 쓸모 있는 영어 표현들

1. Love soft as an easy chair: **as**는 전치사, 부사와 접속사로서 여러 가지 뜻으로 쓰인다. 전치사로서 1) '…처럼[같이]', 2) '(자격 · 기능 등이) …로(서)', 부사로서 1) as... as...로 쓰여 '…만큼 …한', 2) '…하는 것과 같이, -듯이'와 접속사로서 1) '…하는 동안에', 2) '…대로', 3) '때문에, -아서-[-아서/-므로]', 4) '-다시피[-듯이]'와 5) '-이긴 하지만'(=though)으로 다양하게 쓰인다. 이 노래에서는 전치사로서 1) '…처럼[같이]'란 뜻으로 쓰이고 있다. 이것은 사랑이 '큰 안락의자'처럼, '아침의 산뜻한 공기처럼', '영원한'그리고 '늘푸른'속성을 갖고

있다고 비유적인 표현을 쓰고 있다. 이런 것을 비유법 가운데 직유라고 일컫는다. 이 문장의 경우 Love is as soft as an easy chair.가 일반적으로 갖추어진 문장이라고 할 수 있다.

전치사로서 쓰이는 예문들은 다음과 같다.

1) '…처럼[같이]'으로 쓰이는 경우

The audience rose **as** one.
(관중은 일제히 일어섰다.)

They were all dressed as clowns.
(그들은 모두 광대같이 옷을 입고 있었다.)

The bomb was disguised as a package.
(그 폭탄은 소포처럼 위장되어 있었다.)

2) '(자격 · 기능 등이) …로(서)'로 쓰이는 경우

You can use that glass **as** a vase.
(저 유리잔을 꽃병으로 쓸 수 있다.)

He qualified as a doctor last year.
(그는 작년에 의사 자격을 취득했다.)

It's not that I don't like you. I like you as a friend
(당신이 싫은 건 아니고 친구로 좋아해요.)

부사로서 쓰이는 예문들은 다음과 같다.

1) as... as...로 쓰여 '…만큼 …한'으로 쓰이는 경우

He worked just **as** hard **as** anyone
(그는 어느 누구 못지않게 열심히 일했다.)

There are few things quite as sweet as revenge.
(복수만큼 통쾌한 일도 없을 것이다.)

The payback period can be as short as seven years.
(상환 기간은 최소한 칠 년이다.)

2) '…하는 것과 같이, -듯이''…처럼[같이]'으로 쓰이는 경우

As always, Polly was late for school.
(늘 그렇듯 폴리는 학교에 지각했다.)

* 여기서 as always는 '늘 그렇듯[언제나처럼]'으로 습관적으로 쓰인다.

The 'h' in honest is silent, as in 'hour'.
(hour에서와 같이 honest에서도 h는 소리가 나지 않는다.)

His throws were long, hard and accurate, as always.
(그의 투구는 항상 그렇듯이 길고, 세며, 명중률이 높았다.)

접속사로서 쓰이는 예문들은 다음과 같다.

1) '…하는 동안에'로 쓰이는 경우

He sat watching her **as** she got ready.
(그녀가 준비를 하는 동안 그는 앉아서 그녀를 지켜보고 있었다.)

As she grew older she gained in confidence.
(그녀는 나이가 들면서 자신감이 커졌다.)

Just as he was speaking, there was a big earthquake.
(마침 그가 이야기하고 있을 때 큰 지진이 일어났다.)

2) '…대로'로 쓰이는 경우

They did **as** I had asked.
(그들은 내가 부탁한 대로 했다.)

She lost it, just as I said she would.
(그녀는 내가 그럴 거라고 말한 꼭 그대로 그걸 잃어버렸다.)

I'm serious, things are difficult enough as they are.
(나는 심각하고, 문제는 있는 그대로 충분히 복잡하다.)

3) '때문에, -아서-[-아서/-므로]'로 쓰이는 경우

As he often lies, I don't like him.
(나는 그가 자주 거짓말을 하니까 싫다.)

As you were out, I left a message.
(네가 외출하고 없어서 내가 메시지를 남겼어.)

She may need some help as she's new.

(그녀는 새로 왔으므로 도움이 좀 필요할지도 모른다.)

4) '-다시피[-듯이]'로 쓰이는 경우

Do in Rome **as** the Romans do.

(로마에서는 로마인이 하는 대로 하라.)

* 이것은 속담이다.

She's very tall, as is her mother.

(그녀는 키가 아주 크다. 자기 어머니가 그렇듯이.)

As you know, Julia is leaving soon.

(너도 알다시피 줄리아가 곧 떠나.)

5) '-이긴 하지만'(=though)으로 쓰이는 경우

Try **as** he might, he couldn't open the door.

(아무리 애를 써도 그는 그 문을 열 수가 없었다.)

Happy as they were, there was something missing.

(그들은 행복하긴 했지만 뭔가가 부족했다.)

Young as he is[Though he is young], he is an able lawyer.

(그는 나이는 어릴망정 유능한 변호사다.)

2. Love ageless and evergreen: 이 문장은 Love is ageless and evergreen.이 일반적인 형태인데, 여기서 is가 생략되어 있다. **ageless**는 1) '늙지 않는, 나이를 안 먹은, 언제나 젊은, 불로의'와 2) '영원한'이란 뜻으로 쓰인다. 예문은 다음과 같다. 그리고 말꼬리(접미사)에 -less가 있으면 '…이 없는, …하지 않는, …의 영향을 받지 않는'이란 뜻으로 쓰인다.

1)의 뜻으로 쓰이는 경우

Her beauty appeared **ageless**.

(그녀의 아름다움은 나이를 안 먹는 것 같았다.)

Though not yet 40, he seemed ageless, magisterial.

(그는 아직 사십 살이 안 되었지만 언제나 젊고 권위가 있었다.)

You really think I want to hear a story about ageless courtesans?

(넌 늙지 않는 궁녀에 대한 이야기를 정말 듣고 싶어한다고 생각하는 거냐?)

2)의 뜻으로 쓰이는 경우

In **ageless** sleep, she finds repose.

(영원한 잠속에서 그녀는 안식을 느꼈다.)

We are all androgynous and ageless.

(우리는 모두 양성의 성격을 띈 불멸의 존재이다.)

The beauty of literature is that it's ageless.

(문학의 아름다움은 영원하다는 점이다.)

evergreen은 형용사와 명사로 쓰인다. 형용사로는 1) '늘 푸른'이란 뜻이고, 명사로는 2) '상록수, 늘 푸른나무'라는 뜻이다. 예문들은 다음과 같다.

1)의 뜻으로 쓰이는 경우

The leaves are **evergreen** and needle-like.

(그 잎들은 항상 푸르고 바늘처럼 생겼다.)

You look around and find the evergreen forest burning.

(당신은 주변을 둘러보고 불타고 있는 푸른 숲을 발견한다.)

His name deserves to be kept in evergreen remembrance.

(그의 이름은 늘 변함없는 추억으로 마음에 간직할 가치가 있다.)

2)의 뜻으로 쓰이는 경우

Holly, like ivy and mistletoe, is an **evergreen**.

(담쟁이덩굴과 겨우살이와 같이 호랑가시나무는 상록수이다.)

Plant evergreen shrubs around the end of the month.

(월말쯤에 상록수 관목을 심으세요.)

An evergreen does not love its leaves as other plants do.

(상록수는 다른 나무처럼 낙엽지지 않는다.)

3. Everyday a beginning spirits rise: spirit은 '정신, 영혼, 기백, 기상, 활기, 태도, 자세, 참뜻, 정령, 요정 등'으로 다양하게 쓰인다. 그런데 복수 **spirits**가 되면 '기분, 마음'이란 뜻으로 쓰인다. 예문들은 다음과 같다.

Her **spirits** rose at the news.

(그 소식에 그녀의 사기가 고조되었다.)

I am feeling in the very best of spirits.

(나는 지금 기분이 최고로 좋다.)

My spirits sank at the prospect of starting all over again.

(모든 것을 다시 시작할 생각을 하자 나는 기분[마음]이 우울해졌다.)

4. And their dance is unrehearsed: **unrehearsed**의 동사는 rehearse의 반대로 unrehearse이다. unrehearse는 '리허설[예행연습]을 하지 않다, (남에게 할 행동이나 말을 은밀히) 연습[준비]하지 않다'라는 뜻으로 쓰인다. 여기서 their는 spirits의 소유격이다. '춤추는듯한 기분이 사전에 준비되지 않은 것'이라는 것은 자연스럽게 나타나는 것이라는 것을 표현한 것이라고 이해할 수 있다.

5. Morning glory and the midnight sun: **morning glory**는 '나팔꽃'이란 뜻이고, **the midnight sun**은 '(극지에서 한여름에 볼 수 있는) 밤중의 태양'이란 뜻이다. 여기서 노래 가사 가운데 the가 빠진 경우가 많다. 아마도 빠뜨리게 된 것은 and the로 연결되어 and의 d와 the의 th가 비슷한 발음이어서 d가 탈락되면서 midnight와 연결되어 발음된 이유 때문이 아닌가 추측된다. 기본적으로 유일한 존재인 경우에는 정관사 the를 쓰게 되어 있다. 예문들은 다음과 같다.

The earth revolves around **the** sun.

(지구는 태양 주위를 공전한다.)

They were the first men to land on **the** moon.

(그들은 달에 착륙한 최초의 인간들이었다.)

This was intended to exclude the direct rays of the sun.

(이것은 태양의 직사광선을 차단하기 위한 것이었다.)

기억할 만한 영어 문장

1. Love is as soft as an easy chair.

   (사랑은 편안한 의자와 같이 부드러워요.)

2. I was always certain love would grow.

   (난 사랑이 자라게 될 것이란 걸 언제나 확신했어요.)

3. Time won't change the meaning of one love.

   (시간은 하나의 사랑에 대한 의미를 바꿀 수 없을 거예요.)

* 팝송 에세이

이 노래에서는 세월이 가도 늘 변하지 않는 사랑의 속성을 이야기하고 있다. 사랑은 시간을 초월하여 항해한다고 말하고 있다. 사랑은 부드럽고, 상큼하고 서로 함께 나눌 수 있는 특성을 갖고 있다. 사랑은 세상에서 가장 밝은 빛을 갖고 있고, 사랑하는 사이는 두 줄기 빛이라도 하나처럼 여겨진다. 사랑은 찬란한 아침의 빛인 태양이고 한밤중의 태양인 달과도 같은 사랑이라고 노래한다. 사랑의 의미는 일단 변할 수 없다. 사랑하게 되면 흥분되고 저절로 흥겨운 춤이 나온다.

사랑의 속성은 "편안한 의자와 같이 부드럽고 / 이른 아침 공기처럼 신선하지요 / 두 사람이 함께 나누게 되는 유일한 사랑을 / 당신과 함께 비로소 알게 되었지요"에서 어느 정도 짐작할 수 있다. 그 어떤 것보다 부드럽고 그 어떤 것 보다 신선하고, 혼자가 아닌 함께 할 수 있다는 것은 사랑의 긍정적인 힘이라고 할 수 있다. "사 월 눈 속에서 피어나는 장미처럼"은 사랑의 또 다른 속성이라고 할 수 있다. 사실 만물이 소생하는 일 년 가운데 사월은 춥고 모진 겨울을 이겨낸 생물들만이 가질 수 있는 기쁨이다. 티 에스 엘리엇(T. S. Eliot)의 장편시 "황무지"(The Waste Land)에서 '사월은 잔인한 달'이라는 것은 깨어나고 싶지 않는 어쩌면 무감가해지고 싶고 새롭게 태어나고 싶지 않는 사람을 포함한 생명체에게는 사 월이 잔인하게 느껴진다는 것이다. 사 월이 되면 모든 만물이 깨어나야 하니까. 이런 엘리엇의 의미하는 사 월과는 이 노래에서 사 월은 달리 쓰이고 있다고 볼 수 있다. 사 월은 만물이 힘든 겨울을 견뎌내고 제대로 소생하는 달이다. 사랑 역시 그런 과정을 통해서 생겨났으니 그 의미는 더 크다고 볼 수 있다. 고통을 겪고 난 후 깨닫게 사실이 고통의 가치를 인정하듯이, 힘든 과정이 있었기에 그 힘든 과정을 거치고 나면 그 의미가 더 가치로워지는 것과 마찬가지이다.

우리가 이 노래에서 놓치지 않아야 할 점은 "나팔꽃과 한 밤중의 태양처럼 하나가 되듯이 / 두 개의 불빛이 하나가 되어 빛나고 있어요"라는 부분이다. 나팔꽃은 낮의 햇빛도 있고, 밤의 어둠도 있어야 꽃을 피우듯이, 해가 진 후 저녁이 되면 그 때부터 개화

준비를 하기 시작해서 어슴프레 밝아지기 시작하는 새벽에 개화가 되기 시작함으로써 적당한 햇빛과 어둠이 있어야 하는 식물이다. 한 밤중의 태양은 극 지방에서 여름에 태양이 지지 않는 것을 의미한다. 여기서 햇빛과 어둠이 동시에 필요하고, 태양이 지지 않는 것은 대조적인 것이 하나가 되어 사랑의 영원성을 이야기하고 있다고 볼 수 있다. 시간은 변화되지만 늘 푸른 상록수처럼 사랑은 변하지 않아야 함을 비유적으로 표현하고 있다.

★ 덧붙이는 글 ★

바바러 스트라이선드는 영화 『스타 탄생』(*A Star Is Born*)(1976)에서 크리스 크리스토 훠선(Kris Kristofferson)과 주연했고, 타이틀 곡인 'Evergreen'을 불렀다.

가사 가운데 네 번째 연의 Two lights that shine as one에서 lights가 lives로 되어 소개되어 있는 경우도 여러 군데 있는데, lights가 맞는 가사이다.

그리고 Morning glory and the midnight sun에서 the가 대부분 빠져 있는데 태양을 하나밖에 없기 때문에 the를 붙여야 한다. 그리고 morning glory는 '찬란한 아침의 빛'또는 '아침의 영광'이라고 옮기는 경우가 많은데, 노래 전체의 맥락으로 보면 '나팔꽃'으로 옮기는 것이 바로 이어지는 '한 밤중의 태양'과 관련되어 의미 연결이 될 수 있다.

Love

Sung by John Lennon

Love is real
Real is love

Love is feeling
Feeling love

Love is wanting
To be loved

Love is touch
Touch is love

Love is reaching
Reaching love

Love is asking
To be loved

Love is you
You and me

Love is knowing
We can be

Love is free
Free is love

Love is living
Living love

Love is needing
To be loved

사랑

존 레논의 노래

사랑은 진실한 것
진실한 것은 사랑

사랑은 느끼는 것
느끼는 것은 사랑

사랑은 사랑받기를
원하는 것

사랑은 닿는 느낌
닿는 느낌은 사랑

사랑은 다가가는 것
다가가는 것은 사랑

사랑은 사랑받기를
요구하는 것

사랑은 당신
당신과 나

사랑은 아는 것
우리가 될 수 있다는 걸

사랑은 자유로운 것
자유로운 것은 사랑

사랑은 살아가는 것
살아가는 것은 사랑

사랑은 사랑받아야
하는 것

* 영어 발음 제대로 듣거나 말하기

1) 이어지는 소리(연음)의 경우

(1) 자음 이동

Love is, Touch is

Love is에서 Love의 자음 v가 뒤에 있는 낱말 앞부분에 가서 붙어 '러 비즈'로 발음된다. Love의 끝에 있는 모음 e는 약하게 발음되기 때문에 거의 무시해도 될 정도이다. Touch is도 마찬가지 경우이다.

2) 없어지는 소리(탈락)의 경우

and me

and me에서 and의 d는 자음 n과 me의 자음 m 사이에 놓이기 때문에 탈락되어 '앤 미'로 발음된다. 이것은 자음과 자음 사이에 놓이는 여섯 개의 파열음인 철자—k/g, p/b, t/d—사이에 놓여 탈락되는 예에 해당된다.

3) 닮는 소리(동화)의 경우

wanting, needing

wanting은 미국영어(American English)에서 일반적으로 t가 콧소리[비음] n을 닮아서 n으로 되었다가, n이 겹치기 때문에 앞의 n이 탈락되어 '와닝'에 가깝게 발음된다. 그런데 영국영어(British English)에서는 t를 그대로 발음하는 경우가 대부분이다. 이 노래에서 레넌은 t를 그대로 발음하면서 노래하고 있다.

needing에서 t(t)가 강모음과 약모음 사이에 놓이면 단타음(單打音)으로 되어 t도, d도, r도 아닌 발음이 된다. needing은 '니링'에 가깝게 발음된다. 이 소리는 한글로 정확하게 표기할 수 없으며 오직 소리로만 익힐 수밖에 없다. 특히 미국영어(American English)에서 두드러진 현상이다.

4) 주의해야 할 발음

can

can은 can't와 마찬가지로 도우미동사로 기능낱말이기 때문에 약하게 발음한다. 그런데 can't 다음에 자음이 나오기 때문에 탈락되는 경우가 대부분이어서 can은 [kən]으로 can't는 [kæn]으로 발음하기로 약속이 되어 있다. 그런데 can이 문장 가운데 들어가는 경우가 [kən]으로 주로 발음되고 문장의 끝에 들어가는 경우에는 [kæn]으로 발음되는 경우가 대부분이다. can't는 기본적으로 [kæn]으로 발음되면서 can 보다 약간 길게 발음되는 경향이 있다.

* 팝송에 들어 있는 쓸모 있는 영어 표현들

1. Feeling love: **Feeling love**는 '느끼는 사랑'이 아니라 Feeling is love로서 두 낱말 사이에 is가 생략되어 있다.
그 뒤에 이어지는 Reaching love, Living love도 두 낱말 사이에 is가 생략되어 있다. 따라서 Reaching is love, Living is love로 이해하면 될 것이다.

2. We can be: **be**는 '존재하다, …이다, 있다[위치하다], 가보다, 등'과 '되다'라는 뜻으로 쓰인다. 이곳에서는 Love is knowing과 관련지어 사랑이 알게 되는 것이라면 우리는 서로 알게 되어 무언가 긍정적인 측면으로 될 수 있는 존재로 바뀔 것이라는 것을 내포하고 있으므로 여기서 be는 '되다'로 보고 이해하면 될 것이다.

3. Love is needing: **need**는 동사로 일반 동사로 쓰이기도 하고 도우미 동사(조동사)로 쓰이기도 하고 명사로 쓰이기도 한다. 일반 동사로 쓰이는 경우 '(…을[를] 필요로 하다, (필수적이거나 아주 중요하므로) …해야 한다, (반드시) …해야 한다'라는 뜻으로 쓰인다. 그리고 도우미 동사로 쓰이는 경우 '(긍정문에서) …할

필요가 있다[…하면 된다]; (부정문에서) …할 필요가 없다[…하지 않아도 되다]; (의문문에서) …할 필요가 있는가'라는 뜻으로 쓰인다. 이 노래에서는 일반 동사로 쓰이고 있다. 명사로 쓰이는 경우 '필요(성), 욕구, 요구, (사정 · 형편이) 어려움'과 같이 다양하게 쓰인다.

일반 동사로 쓰이는 경우

I **need** to cancel my flight.
(저는 예약을 취소해야겠습니다.)

You don't need to minute that.
(넌 그건 기록할 필요 없어.)

How much water do you need?
(당신은 물이 얼마나 필요하세요?)

All you **need** to do is complete this form.
(당신이 해야 할 것이라곤 이 양식을 작성하는 것뿐이다.)

I didn't need to go to the bank after all—Mary lent me the monery.
(나는 결국 은행에 갈 필요가 없었다. 메리가 내게 그 돈을 빌려주었으니까.)

도우미 동사로 쓰이는 경우

All you **need** bring are sheets.
(당신이 가져올 것은 침대보뿐이에요)

If she wants anything, she need only ask.
(그녀는 무엇이 필요하면 부탁만 하면 된다.)

You **need**n't have hurried.
(넌 서두를 필요가 없었는데[서두르지 않아도 됐을 텐데].)

You needn't finish that work today.
(네가 그 일을 오늘 끝낼 필요는 없다.)

Need you have paid so much?
(그렇게 많은 돈을 낼 필요가 있었나요?)

명사로 쓰이는 경우

There's no **need** to worry so.
(그렇게 걱정할 필요는 없다.)

There is an urgent need for qualified teachers.
(자격을 갖춘 교사들이 긴급히 필요하다.)

I'm in **need** of some fresh air.
(난 신선한 공기를 좀 마시고 싶어.)

She felt the need to talk to someone.
(그녀는 누군가와 이야기를 나누고 싶은 욕구를 느꼈다.)

이 노래에서는 Love is needing to be loved로 연결되기 때문에 사랑받는 것이 아주 중요하다는 뜻으로 되어서 사랑하는 경우에는 마땅히 사랑 받아야 하는 것으로 이해하면 될 것이다.

기억할 만한 영어 문장

1. Love is touch.
   (사랑은 닿는 느낌이다.)
2. Love is feeling.
   (사랑은 느끼는 것이다)
3. Love is knowing.
   (사랑은 아는 것이다.)

* 팝송 에세이

이 노래는 사랑을 비유적인 표현으로 나타내고 있다. 그러니까 'A는 B이다'라고 표현하는 것입니다. 이런 비유법을 은유(metaphor)라고 한다. 한 개의 원 개념을 어떤 특성을 갖고 있는 다른 개념으로 나타내는 방식이다. Love is ______라고 표현하고 있다. 그런데 더 특징적인 것은 처음부터 끝날 때까지 Love is A / A is B라는 형식으로 노래가 전개되고 있다는 점이다.

이 노래는 겉으로 보기에 듣기에도 쉽고 내용도 쉽게 이해할 수 있게 되어 있다. 진실은 단순하다고 했던가? 단순함 가운데 상당히 많은 것들을 함축하고 있을 때 복잡하게 보여 우리의 시야와 생각을 흐리게 하는 것 보다 단순하고 명료하여 우리가 진리나 진실을 쉽게 이해할 수 있다면 얼마나 좋을까? 말을 잘하는 사람은 자기가 전하고자 하는 내용이나 이야기하고자 하는 말을 간단명료하게 말한다고 하지 않았던가! 언어는 의사소통의 기본 수단이 되긴 하지만 때로는 언어가 너절하게 뱉어냄으로써 상대방을 혼란에 빠뜨리게 하거나 상황을 흐리게 만들 수도 있고, 심한 경우 필요에 따라 언어가 무기로서 쓰여 상대방을 위협하기도 한다.

이 노래는 사랑의 대상(You and me), 사랑의 행위(touch, reaching, living), 사랑의 느낌(feeling, free, real)과 사랑의 본질(wanting / To be loved, asking / To be loved, knowing / We can be, needing / To be loved)을 제시하고 있음으로써 사랑의 일반론을 제시해주고 있다고 볼 수 있다. 사랑은 능동적인 측면도 있지만 수동적인 측면도 있음을 동시에 보이고 있다. 이 가운데 wanting, asking과 needing은 사랑 받는 것으로 되어 있는 점 또한 눈여겨보아야 할 부분이다. 참 사랑은 만화경인가 모자이크인가 알 것 같으면서도 알 수 없는 그 무엇인가? 그래서 우리의 삶에 있어서 많은 사람들이 끊임없이 사랑 노래를 하고 있는 것은 아닐까?

자 이제 여러분도 다음 빈 칸에 자기 자신이 생각하는 사랑을 정의를 내려 보고 한글과 영어로 옮겨보는 것도 도움을 줄 수 있을 것이다. 뭐 정답은 없으니까.

Love is ______________. Because love is ____________________.

Bridge Over Troubled Water

Sung by Simon & Garfunkel

When you're weary, feeling small
When tears are in your eyes
I'll dry them all

I'm on your side
Oh, when times get rough
And friends just can't be found
Like a bridge over troubled water
I will lay me down
Like a bridge over troubled water
I will lay me down

When you're down and out
When you're on the street
When evening falls so hard
I will comfort you

I'll take your part
Oh when darkness comes
And pain is all around
Like a bridge over troubled water
I will lay me down
Like a bridge over troubled water
I will lay me down

Sail on Silver Girl
Sail on by
Your time has come to shine
All your dreams are on their way

See how they shine
Oh, if you need a friend
I'm sailing right behind
Like a bridge over troubled water
I will ease your mind
Like a bridge over troubled water
I will ease your mind

거친 물살 위의 다리

사이먼과 가펑클의 노래

당신이 지치고 작게 느껴질 때
당신의 두 눈에 눈물이 고일 때
내가 눈물을 닦아 줄게요

내가 당신편이에요
아, 세상이 힘들고
그리고 단지 친구를 찾을 수 없을 때
거친 물살 위의 다리처럼 되어 줄 게요
내가 당신을 뉘어 줄 게요
거친 물살 위의 다리처럼 되어 줄 게요
내가 나를 내려놓을 게요

당신이 슬럼프에 빠졌을 때
당신이 거리에서 헤맬 때
저녁이 너무 힘겹게 다가 올 때
내가 당신을 위로할 게요

내가 당신의 역할을 맡을 게요
아, 어둠이 다가 오고
그리고 고통이 많을 때
거친 물살 위의 다리처럼 되어 줄 게요
내가 나를 내려놓을 게요
거친 물살 위의 다리처럼 되어 줄 게요
내가 나를 내려놓을 게요

계속 항해하세요, 은빛 그대여
계속 항해하세요
당신의 시간은 빛나고 있어요
당신의 모든 꿈이 다가오고 있어요

그것들이 얼마나 반짝이는지 보세요
아, 만약 당신이 친구가 필요하면
내가 바로 뒤에서 항해할 게요
거친 물살 위의 다리처럼 되어 줄 게요

내가 당신의 마음을 편안하게 해드릴 게요
거친 물살 위의 다리처럼 되어 줄 게요
내가 당신의 마음을 편안하게 해드릴 게요

* 영어 발음 제대로 듣거나 말하기

1) 이어지는 소리(연음)의 경우

(1) 약모음 이동

Like a, all around, need a

Like a에서 Like의 a가 약모음 [ə]가 되어 앞 낱말 끝부분에 가서 붙어 '라이커'로 발음된다. need a도 마찬가지 경우이다. all around에서 around의 a가 약모음[ə]가 되어 앞 낱말 끝부분에 가서 붙어 '오러 라운드'로 발음된다. 그런데 이 노래에서는 all과 around 사이에 잠깐 멈춤(pause)이 있기 때문에 따로 발음되어 노래로 불리어지고 있다.

(2) 자음 이동

tears are, dreams are

tears are에서 tears의 자음 s가 뒤에 있는 낱말 앞부분에 가서 붙어 '티어 자'로 발음된다. dreams are도 마찬가지 경우이다.

2) 없어지는 소리(탈락)의 경우

friends, just can't, can't be, troubled water, falls so, And pain, right behind

friends에서 d는 자음 n과 자음 s 사이에 놓이기 때문에 탈락되어 '후렌즈'에 가깝게 발음된다. 이와 같이 자음과 자음 사이에 놓이는 여섯 개의 파열음인 철자—k/g, p/b, t/d—사이에 놓여 탈락되는 예로 just can't, can't be, And pain과 right behind가 해당된다.

troubled water에서 troubled의 -ed 발음 [d]가 자음 l과 water의 자음 w 사이에 놓이기 때문에 탈락되어 '츄라벌 워러'에 가깝게 발음된다.

falls so에서 falls의 s와 so의 s가 철자가 겹쳐 나오기 때문에 앞 s가 탈락되어 '홀 소우'에 가깝게 발음된다.

3) 닮는 소리(동화)의 경우

comfor**t** **y**ou

comfor**t** **y**ou에서 comfort의 t[t]와 your의 y[j]가 합쳐져 서로 닮아서 [tʃ]로 바뀌어 '캄퍼츄'에 가깝게 발음된다. 따라서 이런 현상은 영국영어(British English) 보다 미국영어(American English)에서 자주 나타나는 현상이다. 영국영어에서는 따로 발음하는 경우가 대부분이다. 사이먼과 카펀컬 또한 따로 발음하여 노래하고 있다.

4) 줄어진 소리(축약)의 경우

you**'re**, I**'ll**, I**'m**, ca**n't**

be 동사의 경우인 you**'re**와 I**'m**, 도우미동사(조동사)의 경우인 I**'ll**과 부정형인 ca**n't**가 있다. 이 가운데 I**'ll**에서 'll이 한국인이 발음하기에 가장 힘든 예이다. 그 이유는 'll은 will의 줄인 형태인데 'll'이 한국어에 없는 발음으로, 'l'은 혀를 입천장에 붙여서 소리를 내야 하는데, 한국어에는 이렇게 소리를 내는 것이 없기 때문이다.

5) 주의해야 할 발음

When, **dr**y, **can't**, **tr**oubled, **dr**eams, **be**hind

When에서 wh~로 시작되는 낱말은 'w'뒤에 있는 'h'의 소리가 보통 들리지 않는다. 그러니까 When은 '휀'이라기 보다 '웬'에 가깝게 발음된다. 그러나 사람과 관련된 who, whose, whom은 예외로 'h'의 소리가 그대로 난다.

dry와 **dr**eams에서 'dr~'의 발음은 '드_'와 '주'의 중간쯤 되는 소리로 '쥬'에 가깝게 발음된다. dry는 '드라이'라기 보다 '쥬라이'에 가깝게, dreams는 '드림즈'라기 보다 '쥬림즈'에 가깝게 발음된다.

can't는 can과 마찬가지로 기능낱말이기 때문에 약하게 발음한다. 그런데 can't 다음에 자음이 나오기 때문에 탈락되는 경우가 대부분이어서 can은 [kən]으로

can't는 [kæn]으로 발음하기로 약속이 되어 있다. 그런데 can이 문장 가운데 들어가는 경우가 [kən]으로 주로 발음되고 문장의 끝에 들어가는 경우에는 [kæn]으로 발음되는 경우가 대부분이다. can't는 기본적으로 [kæn]으로 발음되면서 can 보다 약간 길게 발음되는 경향이 있다.

troubled에서 'tr~'의 발음은 '츠___'와 '추'의 중간쯤 되는 소리로 '츄'에 가깝게 발음된다. troubled는 '트라블드'이라기 보다 '츄라블드'에 가깝게 발음된다.

이 노래에서는 **behind**를 [bɪhaind]로 발음하고 있다. 대부분 이렇게 발음하지만, 또한 많은 경우 미국사람들은 [bəhaind]로 발음하는 경우가 많음을 알 필요가 있다. [bəhaind]의 경우는 한 개의 낱말에서 강세가 가는 모음은 하나이고 나머지 모음은 약모음인 [ə]로 발음하는 것이 일반적이기 때문이다. 이와 같이 발음되는 예는 before, behind와 below 등이 있다.

* 팝송에 들어 있는 쓸모 있는 영어 표현들

1. Bridge Over Troubled Water: **troubled**는 형용사로 1) '(사람이) 걱정하는, 불안해하는' 과 2) (장소 · 상황 · 시기가) 문제가 많은, 힘든'이란 뜻으로 쓰인다. 이 노래에서는 2)의 뜻으로 쓰이고 있다.

   1)의 예문들은 다음과 같다.

   She looked into his **troubled** face.
   (그녀는 그의 걱정스러운 얼굴을 들여다보았다.)

   She has a troubled look on her face.
   (그녀는 걱정스러운 얼굴을 하고 있다.)

   It can only put more anger in a young and troubled heart.
   (그것은 어리고 불안해하는 마음에 더 많은 분노만을 더 할 수 있을 뿐이다.)

   2)의 예문들은 다음과 같다.

We live in **troubled** times.
(우리는 힘든 시대를 살고 있다.)

Troubled projects often have sloppy beginnings.
(문제 프로젝트는 시작이 잘못된 경우가 대부분이다.)

There is so much we can do to help this troubled country.
(문제가 많은 이 나라를 위해서 우리가 할 수 있는 일은 많다.)

troubled water는 '거친 물'또는 '거친 물살'이라고 할 수 있다. 노래 제목인 '거친 물살 위에 놓인 다리'가 상징하는 것은 힘들고 어려운 상황에 놓여 있는 것을 비유적으로 표현하고 있다고 볼 수 있다. 노래 제목이 흔히 번역되는 '험한 세상에 다리가 되어'라는 것이 의미는 충분히 전달될 수 있다고 볼 수 있다. 그렇지만 비유법 표현이 다양한 한글 옮김으로 나타날 수 있기 때문에 오히려 날말이 갖고 있는 글자 그대로를 제시하고 노래를 듣거나 감상하는 사람의 입장에서 해석할 수 있는 여지를 남겨두는 것이 더 좋을 듯싶어 글자 그대로 옮겨 놓았다.

2. I'm on your side: 'm on your side에서 **be on one's side**는 '~의 편이다, ~을[를] 지지하다'라는 뜻으로 쓰인다.

I'**m** definitely **on your side** in this.
(이 점에 있어서는 난 분명히 자네 편이야.)

Your parents are always on your side.
(너희 부모님께서는 항상 너의 편이셔.)

She is confident that everybody is on her side.
(그녀는 모든 사람이 자기편이라고 확신한다.)

3. Oh, when times get rough: **times**가 복수 형태가 되면 일반적으로 '(역사적인) 시대[시기]'라는 뜻으로 쓰인다. 그런데 여기서는 time의 뜻으로 '때[시기]'의 복수로 보는 것이 앞뒤 맥락에 맞는다.

times가 '(역사적인) 시대[시기]'로 쓰이는 경우

They will talk about their difficult **times**.
(그들은 자신의 어려운 시기에 대해 말할 것이다.)

The college dates back to medieval times.
(그 대학은 역사가 중세까지 거슬러 올라간다.)

The old man tried to move with the times.
(그 노인은 시대에 뒤쳐지지 않으려 했다.)

get rough에서 **rough**는 여러 가지 뜻 '고르지 않은, 거친, 대강 한, 개략적인, (행동이) 거친[난폭한], (바다가) 거친, 파도가 심한, (날씨가) 거친 등'의 뜻으로 쓰이지만 여기서는 '힘든, 골치 아픈'이란 뜻으로 쓰인다. 예문들은 다음과 같다.

He's had a **rough** time recently.
(그는 최근에 정말 힘든 시기를 겪고 있다.)

We'll get someone in to do the rough work.
(힘든 일을 하도록 사람을 들일 것이다.)

He will be given a rough ride at the party conference.
(그는 당 대회에서 애를 좀 먹을 것이다.)

4. I'll lay me down: **lay down**은 '(특히 살며시 조심스럽게) 내려놓다[두다], 눕히다, (사용하거나 하던) ~을[내려놓다], (직장 등을) 그만두다[포기하다], (법칙 · 원칙을 지키도록) 정하다, ~을[를] 모아서 쌓다[축적하다]'라는 뜻으로 다양하게 쓰인다. 이 노래에서는 '눕히다, 내려놓다'라는 뜻으로 쓰인다. 그러니까 lay 다음에 목적어가 나오는 타동사로서의 lay이다. 타동사 lay의 과거는 laid이고, 과거분사는 laid이다. 그런데 자동사로서 **lie down**이 있는데 이것은 '편하게 눕다'라는 뜻으로 쓰인다. 자동사 lie의 과거는 lay이고, 과거분사는 lain이다. 참고로 '거짓말하다'라는 자동사 **lie**의 과거는 lied이고, 과거분사는 lied이다. 이 세 개의 낱말을 혼동하지 않도록 기억해 놓을 필요가 있다. 이 노래에서 lay down은 목적어 me가 뒤에 나오는 타동사로 쓰이고 있다. 그러니까 '내가 나를 눕히겠다'는 뜻은 '내가 자신을 내려놓겠다'또는 '내 자신을 눕혀서 다리와 같은 역할을 하겠다'라고 이해할 수 있다.

타동사로 쓰이는 **lay down**의 경우

He **laid** a hand **down** on my arm.
(그가 내 팔에 손을 얹었다.)

Relatives laid wreaths on the grave.
(친척들이 그 무덤에 화환을 놓았다.)

She laid the baby down gently on the bed.
(그녀는 아기를 살며시 침대에 내려놓았다[눕혔다].)

자동사로 쓰이는 **lie down**의 경우

He **lay down** on the bed fully clothed.
(그는 옷을 다 입고 침대 위에 누웠다.)

The children lay down on their stomachs.
(그 아이들은 배를 깔고 엎드려 있었다.)

Lie down on your bed and make yourself comfortable.
(당신의 침대에 편안하게 누우세요.)

5. When you're down and out: **down and out**는 '빈털터리인, 노숙자 신세인, 패할 것이 분명한'이란 뜻으로 쓰이기도 하고 '슬럼프에 빠진'이란 뜻으로 쓰이기도 한다. 예문들은 다음과 같다.

I'm **down and out.**
(난 지금 슬럼프에 빠졌어요.)

His alcoholism has left him down and out.
(그는 알코올 중독 때문에 무일푼이 되었다.)

He wrote a novel about being down and out in London.
(그는 런던 노숙자 신세에 대한 소설을 썼다.)

6. I'll take your part: **take your part**는 '당신의 역할을 맡다'라는 뜻인데, 당신이 힘들고 어려울 때 당신의 힘들거나 어려운 부분을 맡겠다라는 뜻으로 이해할 수 있다.

7. And pain is all around: **all around**는 '도처에[사방에]; 빙 돌아서; 빙 둘러; 모든 사람에게 (악수하다 등)'이란 뜻으로 쓰인다. 여기서 be all around의 예문들은 다음과 같다.

Bugs **are all around** and about.
(곤충들은 어디든지 다 있다.)

Bridges are all around us these days.
(오늘날 다리는 우리 주위에 어디든지 있어요.)

The Christmas spirit is already all around us.
(여기저기서 크리스마스 분위기가 느껴집니다.)

'그리고 고통이 도처에 있다'는 뜻은 '그리고 고통이 많다'라는 뜻으로 이해하면 될 것 같다.

8. Sail on Silver Girl: **Silver Girl**은 '은빛 여자'또는 '은빛 아가씨'로 옮길 수 있지만, 금빛이 날 정도로 찬란하게 빛나지 않고 약간 톤이 떨어진 은빛이 나는 상대인 '은빛 여자'나 '은빛 아가씨'는 '소중한 그대'정도로 이해하면 되지 않을까 여겨진다.

9. All your dreams are on their way: **on one's way**는 '…하는 중에, 도중에'라는 뜻으로 쓰인다. 예문들은 다음과 같다. on the way도 마찬가지 뜻으로 쓰인다.

Text me when you're **on your way**.
(네가 오는 길에 내게 문자를 보내 줘.)

I'll pop the books in on my way home.
(내가 집에 가는 길에 잠깐 들러 그 책들을 전해 줄게.)

Gunmen intercepted him on his way to the airport.
(그는 공항으로 가는 도중에 무장 괴한들에게 납치되었다.)

He arrested **on the way** to the hospital.
(그는 병원으로 가던 중에 심장이 멎었다.)

Her private jet landed in the republic on the way to Japan.
(그녀의 개인 제트기는 일본으로 가는 도중에 그 공화국에 착륙했다.)

Could you stop by the store on the way home for some bread?
(당신이 집에 오는 길에 가게에 들러 빵 좀 사오시겠어요?)

10. I'll ease your mind: **ease**는 1) '편해지다[편하게 해 주다], (고통 · 불편 등이[을]) 덜해지다[덜어 주다]', 2) '조심조심[천천히] 움직이다[옮기다]', 3) '수월[용이]하게 하다'와 4) '느슨하게 풀다, 느슨해지다'라는 뜻으로 쓰인다. 이 노래에서는 1)의 뜻으로 쓰이고 있다. 그리고 ease는 명사로 '쉬움, 용이함, 편의성'과 '편안함, 안락함'이란 뜻으로도 쓰인다.

1)의 예문들은 다음과 같다.

This should help **ease** the pain.
(이것이 통증을 더는 데 도움이 될 것이다.)

We laughed and that helped ease the tension.
(우리는 웃었고 그것이 긴장 완화에 도움이 되었다.)

The hospice aims to ease the sufferings of the dying
(호스피스는 죽어 가는 사람들의 괴로움을 덜어 주는 것을 목표로 한다.)

2)의 예문들은 다음과 같다.

He **eased** off his shoes.
(그는 가만히 신을 벗었다.)

He eased slowly forwards.
(그는 천천히 앞으로 나아갔다.)

She eased herself into a chair.
(그녀는 조심조심 의자에 앉았다.)

3)의 예문들은 다음과 같다.

I think we need to **ease** him into it.
(그가 그것 안으로 들어가는데 우리가 수월하게 해줘야 할 필요가 있다고 생각해.)

Ramps have been built to ease access for the disabled.

(장애인들의 접근을 용이하게 하기 위해 경사로가 설치되었다.)

Stretching is a great way to ease into an exercise routine.

(스트레칭은 가벼운 운동 습관을 용이하게 하는 좋은 방법이다.)

4)의 예문들은 다음과 같다.

Ease off that rope a bit.

(줄을 좀 늦추어라.)

Ease your grip on the wheel a little.

(운전대를 좀 느슨하게 잡으세요[너무 꽉 잡지 마세요].)

Now ease the wheel forward, just a little.

(이제 약간만 그 바퀴를 앞으로 느슨하게 하세요.)

기억할 만한 영어 문장

1. I'll dry tears all.

   (내가 모든 눈물을 닦아 드릴게요.)

2. I'm on your side.

   (내가 당신 편이에요.)

3. I'll ease your mind.

   (내가 당신의 마음을 편안하게 해드릴게요.)

* 팝송 에세이

우리가 살다 보면 여러 종류의 사람들을 보게 되고 만나게 되고 사람들에 대해 듣게 된다. 자신에게 이익이 된다면 무엇이나 챙기고 남의 눈치를 보면서도 교묘하게 자기 것으로 만드는 것을 보게 된다. 돈과 권력과 명예 때문에 많은 사람들이 욕심의 늪에 빠져 들어감을 보게 된다. 그것은 금전욕이고 권력욕이고 명예욕으로 욕심이 그네들의 몸에 차츰 베어 자신의 일부가 되버린 것이다. 그럴듯한 이야기를 하면서 자신의 욕심을 채우려는 사람들. 머리가 좋은 사람들일수록 교묘하게 다른 사람들이나 상황을 이용하는 사람들, 큰 권력에 빌붙어 작은 권력을 유지하려는 사람들, 더 많이 자신의 배를 불리기 위해 또는 재산을 늘리기 위해 교묘하게 돈에 빠져 있는 사람들이 주변에 있는 것은 사실이다. 그렇지만 그렇지 않은 사람들이 많은 것 또한 사실이다. 그런데 그렇지 않은 사람들과 관련된 이야기들이 뉴스거리가 되는 경우가 많긴 하지만.

힘들고 어려울 때 손을 내밀어 주고, 아픈 가슴을 어루만져 줄 수 있는 사람이 있다면 가족이든 친구이든 이웃사람들이든 모르는 사람들이든 다른 나라 사람이든 관계가 없이 아름다운 모습이고 행동일 것이다. 제 길을 찾아가고 있는 사람 보다 길을 잃고 힘들어 하거나 방황하거나 좌절하는 사람에게 물질적으로나 정신적으로 도움의 손길을 내미는 사람들은 착한 사람이면서 동시에 고마운 사람이기도 한 것이다. 이런 사람들 덕택에 세상을 아름답게 보이는 것이다. 모든 종교적인 가르침은 사랑이자 자비이다. 모든 종교는 어쩌면 '궁극적 실체'(ultimate reality)로서 자리매김하고 있을지도 모른다. 각각의 종교의 목표 지점은 동일할지 모른다. 멀쩡한 사람들이 자기 욕심을 들어달라는 기도가 아닌 힘들고 어렵고 좌절에 빠진 사람들을 정상의 궤도에 올려놓을 수 있는 희망의 등불이자 횃불이 되어야 하는 것이다. 자기 안일과 욕심으로 가득 차 있을 때 이미 종교의 세계를 떠나 더 교묘하게 자신의 욕심을 채우는 이기적인 세계에 갇혀버린 것이다.

파도가 일고 거친 물살이 밀려들 때 모두들 피해가는 것이 일반적인 경우일 것이다. 그럴 때 거친 물살에 휩쓸리지 않도록 건널 수 있는 다리가 되어주고, 눈물을 흘릴 때 그 눈물을 닦아주고, 어둠이 찾아 왔을 때 밝은 빛이 되어 주고, 고통스러워 할 때 고통을 나누고, 슬럼프에 빠졌을 때 손을 내밀어 슬럼프의 구렁텅이에서 끄집어내어 줄 수 있는 사람이 될 수 있다면 그 사람은 이미 사랑을 실천하고 있는 것이다. 그 상대가 가족의 일원이든 애인이든 모르는 사람이든 상관이 없이. 여기엔 자기 희생과 헌신이 뒤따르기 마련이다.

How Deep Is Your Love

Sung by Bee Gees

I know your eyes in the morning sun
I feel you touch me in the pouring rain
And the moment that you wander far from me
I wanna feel you in my arms again

And you come to me on a summer breeze
Keep me warm in your love
Then you softly leave me
And it's me you need to show

How deep is your love?
Is your love, how deep is your love
I really mean to learn
'Cause we're livin'in a world of fools
Breakin'us down
When they all should let us be
We belong to you and me

I believe in you
You know the door to my very soul
You're the light in my deepest darkest hour
You're my savior when I fall
And you may not think I care for you
When you know down inside
That I really do
And it's me you need to show

How deep is your love?
Is your love, how deep is your love
I really mean to learn
'Cause we're livin'in a world of fools
Breakin'us down
When they all should let us be
We belong to you and me

Na-na-na-na-na
Na-na-na-na-na-na-na-na-na-na
Naa-naa-naa-naa-naa-naa-naa-naa-naa-naa
Na-na-na-na-na-na-na

And you come to me on a summer breeze
Keep me warm in your love
Then you softly leave me
And it's me you need to show

How deep is your love?
Is your love, how deep is your love
I really mean to learn
'Cause we're livin'in a world of fools
Breakin'us down
When they all should let us be
We belong to you and me

How deep is your love?
Is your love, how deep is your love
I really mean to learn
'Cause we're livin'in a world of fools
Breakin'us down
When they all should let us be
We belong to you and me

How deep is your love?
Is your love, how deep is your love
I really mean to learn
'Cause we're livin'in a world of fools
Breakin'us down
When they all should let us be
We belong to you and me

당신의 사랑이 얼마나 깊은지

비 지스의 노래

난 아침의 태양빛을 받는 당신의 눈망울을 알아요
난 억수같이 퍼붓는 빗속에서 당신이 날 만지는 걸 느껴요
그리고 당신이 나와 멀리 떨어져 배회할 때마다
나는 내 품 안에서 또 다시 당신을 느끼고 싶어요

당신은 여름 산들 바람이 불 때 나에게 다가와
당신의 사랑으로 날 따스하게 해주고 당신이 나에게서 살며시 떠나요
그리고 당신이 보여줄 필요가 있는 건 나예요

당신의 사랑이 얼마나 깊은지?
당신의 사랑이 얼마나 깊은지
난 정말로 꼭 배울 작정이에요
우리는 바보들의 세계에 살고 있고
우리를 무너뜨리고 있으니까요
그들 모두는 우리가 있는 그대로 내버려 두어야 해요
우리는 당신과 나에게 속해 있어요

난 당신을 믿어요
당신은 바로 내 영혼의 문을 알고 있잖아요
당신은 내 가장 짙고 어두운 시간에서 빛이에요
당신은 내가 무너져 내릴 때 구원자에요
그리고 당신은 내가 당신을 좋아하지 않을 것이라고 생각할지 몰라요
내 마음속을 들여다보고
내가 정말로 하고 것을 알게 되면
그리고 당신이 보여줄 필요가 있는 건 나예요

당신의 사랑이 얼마나 깊은지?
당신의 사랑이 얼마나 깊은지
난 정말로 꼭 배울 작정이에요
우리는 바보들의 세계에 살고 있고
우리를 무너뜨리고 있으니까요
그들 모두는 우리가 있는 그대로 내버려 두어야 해요
우리는 당신과 나에게 속해 있어요

나 나 나 나 나
나 나 나 나 나 나 나 나 나 나
나아 나아 나아 나아 나아
나 나 나 나 나 나 나

당신은 여름 산들 바람이 불 때 나에게 다가와
당신의 사랑으로 날 따스하게 해주고 당신이 나에게서 살며시 떠나요
그리고 당신이 보여줄 필요가 있는 건 나예요

당신의 사랑이 얼마나 깊은지?
당신의 사랑이 얼마나 깊은지
난 정말로 꼭 배울 작정이에요
우리는 바보들의 세계에 살고 있고
우리를 무너뜨리고 있으니까요
그들 모두는 우리가 있는 그대로 내버려 두어야 해요
우리는 당신과 나에게 속해 있어요

당신의 사랑이 얼마나 깊은지?
당신의 사랑이 얼마나 깊은지
난 정말로 꼭 배울 작정이에요
우리는 바보들의 세계에 살고 있고
우리를 무너뜨리고 있으니까요
그들 모두는 우리가 있는 그대로 내버려 두어야 해요
우리는 당신과 나에게 속해 있어요

당신의 사랑이 얼마나 깊은지?
당신의 사랑이 얼마나 깊은지
난 정말로 꼭 배울 작정이에요
우리는 바보들의 세계에 살고 있고
우리를 무너뜨리고 있으니까요
그들 모두는 우리가 있는 그대로 내버려 두어야 해요
우리는 당신과 나에게 속해 있어요

* 영어 발음 제대로 듣거나 말하기

1) 이어지는 소리(연음)의 경우

(1) 약모음 이동

arm**s** **a**gain, o**n** **a**, i**n** **a**

arm**s** **a**gain에서 again의 a가 약모음 [ə]가 되어 앞 낱말 끝부분에 가서 붙어 '암저 겐'또는 '암즈 게인'으로 발음된다. again은 미국영어)(American English)와 영국영어(British English)에서 발음이 다르다. 이것은 미국영어에서는 어겐[əgen]으로 발음되고, 영국영어에서는 어게인[əgein]으로 발음된다.o**n** **a**에서 a가 약모음 [ə]가 되어 앞 낱말 끝부분에 가서 붙어 '어너'로 발음된다. in a도 마찬가지 경우이다.

(2) 자음 이동

war**m** **i**n, dee**p** **i**s, worl**d** **o**f, ligh**t** **i**n, whe**n** **I**, thin**k** **I**

war**m** **i**n에서 warm의 자음 m이 뒤에 있는 낱말 앞부분에 가서 붙어 '워 민'으로 발음된다. dee**p** **i**s에서 deep의 자음 p가 뒤에 있는 낱말 앞부분에 가서 붙어 '디 피즈'로 발음된다. worl**d** **o**f에서 world의 자음 d가 뒤에 있는 낱말 앞부분에 가서 붙어 '월 더브'로 발음된다. of는 [əv] 또는 [ə]로 발음된다. ligh**t** **i**n에서 light의 자음 t가 뒤에 있는 낱말 앞부분에 가서 붙어 '라이 틴'으로 발음된다. whe**n** **I**에서 when의 자음 n이 뒤에 있는 낱말 앞부분에 가서 붙어 '웨 나이'로 발음된다. think I도 마찬가지 경우이다.

2) 없어지는 소리(탈락)의 경우

An**d** the, momen**t** that, An**d** you, su**m**mer, sof**t**ly, nee**d** to, a**l**l, shoul**d** let, d**e**epes**t** darkest

An**d** the에서 And의 d는 the의 th- 발음 [ð]와 발음이 비슷하기 때문에 And의 d가 탈락되어 '앤 더'로 발음된다.

moment that에서 moment의 t는 that의 th- 발음 [ð]와 발음이 비슷하기 때문에 moment의 t가 탈락되어 '모우먼 댓'에 가깝게 발음된다.

And you에서 And의 d는 자음 n과 you의 자음 y 사이에 놓이기 때문에 탈락되어 '앤 유'로 발음된다. 이와 같이 자음과 자음 사이에 놓이는 여섯 개의 파열음인 철자—k/g, p/b, t/d—사이에 놓여 탈락되는 예로 softly와 deepest darkest가 해당된다.

summer에서 mm은 같은 철자가 겹쳐 나오기 때문에 탈락된다. all도 마찬가지 경우이다.

need to에서 need의 d는 to의 t와 발음이 나는 위치가 같기 때문에 d는 탈락되어 '니 터'로 발음된다.

3) 닮는 소리(동화)의 경우

That I

That I에서 t(t)가 강모음과 약모음 사이에 놓이면 단타음(單打音)으로 되어 t도, d도, r도 아닌 발음이 된다. That I는 '대라이'에 가깝게 발음된다. 이 소리는 한글로 정확하게 표기할 수 없으며 오직 소리로만 익힐 수밖에 없다. 특히 미국영어(American English)에서 두드러진 현상이다.

4) 줄어진 소리(축약)의 경우

it's, 'Cause, we're, livin', Breakin', You're

be 동사의 경우인 it's, we're와 You're가 있다.

'Cause는 Because의 줄어진 형태이다.

livin'과 Breakin'에서 'in은 ing의 줄인 형태이다. 이렇게 줄이는 이유는 노래를 부를 때 ing[ɪŋ]으로 발음하기도 힘이 들지만 노래를 부르는 경우 'in[ɪn]으로 소리를 내는 것이 훨씬 부드럽게 들리기 때문이 아닐까 생각해 본다.

5) 주의해야 할 발음

wanna, **Wh**en

wanna는 허물없이 발음하는 경우의 예이다. wanna는 want to인데 입말체에서 '완터 투'로 발음하지 않고 '와너'로 발음하고, want to로 표기가 되어 있더라고 말을 할 때는 wanna로 발음하는 경우가 대부분이다. want to에서 wanna로 바뀌는 과정은 '팝송 영어 소리를 제대로 듣는 요령'에 나와 있는 설명을 참고하기 바란다. **Wh**en에서 wh~로 시작되는 낱말은 'w' 뒤에 있는 'h'의 소리가 보통 들리지 않는다. 그러니까 When은 '휀'이라기 보다 '웬'에 가깝게 발음된다. 그러나 사람과 관련된 who, whose, whom은 예외로 'h'의 소리가 그대로 난다.

* 팝송에 들어 있는 쓸모 있는 영어 표현들

1. I feel you touch me in the pouring rain: **feel** you **touch**에서 feel과 같은 감각동사 다음에 목적어(you)가 나오고 그 다음에는 to 부정사가 아닌 알몸동사(동사원형)(touch)가 온다. 그리고 **pouring rain**은 '억수같이 내리는 비'(=heavy/torrential/drenching rain)라는 뜻이다.

2. And the moment that you wander far from me: **the moment** (that)…는 '…하는 바로 그 순간[…하자마자]'라는 뜻으로 쓰인다. 예문들은 다음과 같다.

I want to see him **the moment** he arrives.
(나는 그가 도착하자마자 만나고 싶다.)

The moment I closed my eyes, I fell asleep.
(나는 눈을 감자마자 잠들었다.)

He plied me with questions from the moment he arrived.
(그는 도착하는 순간부터 나에게 질문을 퍼부어 댔다.)

3. it's me you need to show: **it's me you need to show**는 '당신이 보여줄 필요가 있는 건 나예요'라고 그대로 옮길 수 있는데, 이것은 '나에게 보여줄 사람은 당신이다'라는 뜻으로 이해할 수 있다. 당신이 떠났다가 나에게 다시 나타나 주길 바라는 마음을 노래하고 있다고 볼 수 있다.

4. I really mean to learn: mean to 부정사와 mean 동명사가 겉으로 별 차이가 없는 것처럼 보인다. 그렇지만 **mean to 부정사**는 '…할 셈이다[생각이다], …을[를] 의도하다[뜻하다/작정하다]'라는 뜻으로 쓰이고, **mean 동명사**는 '(어떤 결과를) 의미[뜻]하다, (결국) …하게 되다'라는 뜻으로 의미상의 미묘한 차이가 있다.

mean to 부정사의 경우

I **mean to stay** here for a week.
(나는 일주일 동안 여기 머물 작정이다.)

Please continue—I didn't mean to interrupt.
(계속 말씀하세요. 방해할 뜻은 없었어요.)

I didn't mean to hurt her, only to keep her still.
(나는 그녀를 다치게 할 의도는 아니었고, 단지 그녀를 조용히 시키려고 했을 뿐이었다.)

mean 동명사의 경우

Managing well **means communicating** well.
(관리를 잘 한다는 것은 의사소통을 잘 한다는 것을 의미한다.)

This new ordre will mean working overtime.
(이 새 명령은 결국 초과 근무를 해야 함을 의미한다.)

The injury could mean him missing next week's game.
(그 부상은 그가 다음 주 경기에 결장함을 뜻할 수도 있다.)

5. Breakin'us down: **break down**은 1) '고장 나다', 2) '~을[를] 부수다', 3) '결렬되다'와 4) '분해하다'라는 뜻으로 쓰인다. 예문들은 다음과 같다. 이 노래에서는 2)의 뜻으로 쓰이고 있다.

1)의 뜻으로 쓰이는 경우

The telephone system has **broken down**.
(그 전화 시스템이 고장 난 상태이다.)

The car won't break down within the warranty period.
(그 차는 보증수리기간 안에는 고장 나지 않을 거에요.)

It also means there are no moving parts to break down.
(이는 움직이는 부분은 고장 나는 게 없다는 뜻이다.)

2)의 뜻으로 쓰이는 경우

Open up or we'll **break** the door **down**!
(문 열어. 안 그러면 부숴 버릴 거야!)

In here, acids break down food into bits.
(이곳에서 위산은 음식물을 작은 조각으로 부순다.)

Firefighters had to break the door down to reach the people trapped inside.
(안에 갇힌 사람들에게 접근하기 위해 소방관들이 문을 부수어야만 했다.)

3)의 뜻으로 쓰이는 경우

The negotiations **broke down**.
(그 협상이 결렬되었다.)

The negotiations will inevitably break down.
(그 교섭의 결렬은 불가피하다.)

We will resume service as soon as negotiations break down.
(저희는 협상이 결렬되자마자 본래의 서비스를 다시 제공해드리겠습니다.)

4)의 뜻으로 쓰이는 경우

Workers **break down** waste in the plant.
(근로자들은 그 공장에서 배설물을 분해합니다.)

We have to use materials that naturally break down.
(우리는 자연적으로 분해되는 재료를 써야 한다.)

Petrochemicals do not break down into harmless substances.
(석유화학 제품은 환경에 무해한 물질로 분해되지 않는다.)

6. We belong to you and me: **belong to**는 '~ 소유[것]이다, ~에 속하다'라는 뜻으로 쓰인다. 예문들은 다음과 같다.

Who does this watch **belong to**?
(이 시계 누구 거죠?)

I used to belong to a youth club.
(나는 전에 청년 단체에 속해 있었다.)

Have you ever belonged to a political party?
(정당에 소속되어 본 적 있으세요?)

7. I believe in you: **believe in**은 '~이 존재함을 믿다'라는 뜻으로 쓰인다. 예문들은 다음과 같다.

Do you **believe in** a cosmic plan?
(넌 우주를 지배하는 절대적인 힘이란 게 있다고 믿니?)

I believe in the institution of marriage.
(나는 결혼 제도를 믿는다.)

Don't you believe in equality between men and women?
(당신은 남녀평등이라는 것을 믿지 않나요?)

'~을[를] 믿다'라는 뜻을 갖고 있는 경우는 대개 전치사 in과 함께 한다. 그 예로 **have faith in**(…을[를] 믿고 있다[신앙하다])이 있다. 예문들은 다음과 같다.

People **have** lost **faith in** the government.
(국민들은 정부를 더 이상 믿지 않게 되었다.)

Children usually have faith in their parents.
(어린이들은 보통 부모에 대한 믿음이 있다.)

I have great faith in you—I know you'll do well.
(난 널 단단히 믿어. 네가 잘 하리란 걸 난 알아.)

'~에 자신이 있다, ~에 자신감을 갖다, ~을[를] 신뢰한다'라는 뜻을 갖고 있는 경우에도 대개 전치사 in과 함께 한다. 그 예로 **have confidence in**이 있다. 예문들은 다음과 같다.

I **have** every **confidence in** you.
(나는 너를 전적으로 신뢰해.)

I didn't have any confidence in myself at school.
(나는 학교 다닐 때 자신감이 하나도 없었다.)

The players all have confidence in their manager.
(그 선수들은 모두 자기들 감독을 신뢰한다.)

8. And you may not think I care for you: **care for**는 1) '~를[을] 보살피다[돌보다]'와 2) '~를[을] (대단히) 좋아하다[사랑하다]'라는 뜻으로 쓰인다. 이 노래에서는 2)의 뜻으로 쓰인다.

1)의 예문들은 다음과 같다.

I had a strong desire to help and **care for** people.
(나는 사람들을 도와주고 돌보고 싶은 마음이 간절했다.)

I haven't the faintest idea how to care for a snake.
(나는 뱀을 돌보는 방법에 대해 최소한의 인식도 갖고 있지 않다.)

She moved back home to care for her elderly parents.
(그녀는 연로한 부모님을 보살피기 위해 다시 집으로 이사를 했다.)

2)의 예문들은 다음과 같다.

I don't much **care for** it.
(난 그것을 그렇게 좋아하진 않아.)

Would you care for another drink?
(한잔 더 드시겠어요?)

I don't really care for that kind of music.
(난 그런 종류의 음악은 사실 별로 좋아하지 않아.)

기억할 만한 영어 문장

1. We're living in a world of fools.
   (우리는 바보들의 세계에 살고 있어요.)
2. I wanna feel you in my arms again.
   (나는 내팔 안에 또 다시 당신을 느끼고 싶어요.)
3. You come to me on a summer breeze.
   (당신은 여름 산들 바람이 불 때 나에게 다가와요.)

* 팝송 에세이

사랑의 깊이를 알 수 있을까? 사랑의 깊이는 알 수 없을 것이다. 사랑을 물량적으로 측정할 수 없기 때문이다. 그렇지만 사랑의 깊이는 사랑하는 당사자가 되면 느낄 수 있을 것이다. 진실한 사랑이 제일 깊을 것이고, 이기적인 사랑은 제일 얕을 것이라 짐작할 수 있다. 사랑을 만들어가는 경우가 사랑이 깊을 것이고 사랑이 줄어드는 경우가 사랑이 얕을 것이다. 사랑은 환타지라고 생각하는 사람도 있지만 사랑은 현실에서 일어나고 있는 우리가 살아가고 있는 모습을 다룬 진실을 담고 있는 것이다. 사랑의 내러티브는 남성 중심이라고 하지만 남성과 여성의 공통분모로서 작동되고 있는 것이다. 따라서 사랑의 내러티브는 누가 더 중심적인가를 이야기할 수 없고 남성과 여성 모두에 관련되고 각자가 중심축을 가진 독립된 존재로서의 만남이다.

우리는 사랑을 수없이 이야기하면서 정작 사랑이 무엇인지 알지 못하는 경우가 많다. 그저 사랑, 사랑, 사랑이라는 말을 자주 언급하고 있는지도 모를 일이다. 사랑은 마음의 문을 먼저 상대방을 향해 여는 것이다. 내 자신을 위한다기 보다 상대방을 위해 마음의 문을 여는 데서 사랑은 시작된다고 볼 수 있다. 사랑이 중요하다고 점을 알고 있고 또한 배우고 있지만 현실에서는 실패한 사랑 이야기를 자주 접한다. 그 이유는 그만큼 사랑의 문이 어느 쪽으로 열려 있는지 모르는 경우 사랑이 실패할 확률이 높은 것이다. 사랑은 서로를 하나로 묶어주는 힘이다. 그래서 사랑의 추구와 탐구는 우리의 삶에서 꼭 필요한 행동 방향이다.

사랑의 문이 대상을 향해 열려 있을 때 먼저 여러 가지 모습이 보일 것이다. 상대방의 눈망울, 상대방이 살짝 만지는 느낌, 거리가 있을 때에도 느낄 수 있는 상대방의 행동 반경, 상대방이 가볍게 다가와 살며시 떠나는 모습 등은 대상을 바라볼 수 있는 마음에서 시작되는 것이다. 이를 통해 사랑의 깊이의 일부분이라도 확인할 수 있는 것이다. 깊은 사랑은 "난 당신을 믿어요 / 당신은 바로 내 영혼의 문을 알고 있잖아요 / 당신은 내 가장 짙고 어두운 시간에서 빛이에요 / 당신은 내가 무너져 내릴 때 구원자예요"에서 그 사랑의 깊이를 확인할 수 있을 것이다. 이 정도 되면 사랑의 깊이는 헤아릴 수 없는 것이다. 그저 느낌으로 알 수 있을 뿐 측정이 불가능하지만 사랑이 온 몸에 전해지고 온 몸으로 느낄 수 있고 온 몸을 감싸고 있고 사랑에 의해 삶은 꾸려져 갈 것이다.

사랑의 깊이는 사랑하는 당사자만이 알 수 있는 알 수 없는 영역이다. 수많은 이야기를 품고 있고 수많은 스토리를 만들어 갈 수 있고 수많은 기쁨과 고통을 넘나들며 사랑은 완성되기도 하고 사랑이 무너져 내리기도 한다.

★ 덧붙이는 글 ★

비 지스(Bee Gees) 그룹이 부른 것과 포츠레이트(Portrait)가 부른 노래가 널리 알려져 있다.
I really mean to learn에서 여러 사람들이 mean 대신에 need로 가사를 소개하고 있다.

I'm In Love

Sung by Lionel Richie

Ohh, oh, oh, say
Na na na na I'm in love
Na na na na I'm in love
Na na na na I'm in love

No tears no tears no more
I'm done crying out
No pain no pain
Said I found another way
No games not like before
Not up here on this cloud
No time for yesterday
Let me explain
I got a new woman
Lovin'me in every way that she can
All she wanna be is
Part of my plan
Safe to say that I'm in a better way
A better way
Hey
You got a new woman
Loves to walk around
Just holding my hand
Cupid must have found us
Loving like that
Loving this woman

Does anybody understand
That I'm in love
And I think if I'm the real thing
Kind of love that makes your heart say

You got me singing
La la la la la
Say I'm in love
And I think if I'm the real thing
Kind of love that makes your heart say
You got me singing
La la la la la la
I'm in love

No stress no fuss no fight
When I'm in your arms
No time no day no light
(No nothing better no)
So much more than ok
Life is made of this
No her no me no way
Let me explain

I got a new woman
Lovin'me in every way that she can
All she wanna be is
Part of my plan
Safe to say that I'm in a better way
A better way
Hey
You got a new woman
Loves to walk around
Just holding my hand
Cupid must have found us
Loving like that
Loving this woman

Does anybody understand
That I'm in love
And I think if I'm the real thing
Kind of love that makes your heart say

You got me singing
La la la la la
Say I'm in love
And I think if I'm the real thing
Kind of love that makes your heart say
You got me singing
La la la la la la
I'm in love

I want the whole damn world to know
Sure as the wind blows
To carry the message far as it can go
That I'm in love yeah
Nothing that can hold back this feeling
True love in which we are dealing baby

Na, na, na, na
I'm in love
Na, na, na, na
I'm in love
Na, na, na, na
I'm in love

That I'm In love
And I think if I'm the real thing
Kind of love that makes your heart say
You got me singing
La la la la la
Say I'm in love
And I think if I'm the real thing
Kind of love that makes your heart say
You got me singing
La la la la la la
I'm in love

난 사랑에 빠졌어

라이오넬 리치의 노래

오, 오, 오, 말해요
나 나 나 나 난 사랑에 빠졌어
나 나 나 나 난 사랑에 빠졌어
나 나 나 나 난 사랑에 빠졌어

눈물은 없어 눈물은 없어 더 이상
이젠 울지 않아
고통도 없어 고통은 없어
말했잖아 난 다른 길을 찾았어
이전과 같은 게임도 없어

이젠 여기 먹구름은 없어
지난날과 같은 시간은 없을 거야
내가 설명해줄 게
나에게 새로운 여자가 생겼어
그녀는 그녀가 할 수 있는 모든 면에서 날 사랑해줘
그녀가 원하는 것은
내 계획의 일부가 되는 거야
안전한 말하면 난 더 나은 방식에 놓여 있어
더 나은 방식
이런
이런 삶이 더 좋아
새로운 여자가 생겼어
걸어다니는 걸 좋아하고
단지 내 손을 잡고서
큐피드가 우릴 찾아냈어야 했음에 틀림없는데
그와 같이 사랑하고
이 여자를 사랑하고

어느 누구가 이해해줄까
내가 사랑에 빠진 걸
그리고 난 내가 진짜인지 아닌지 생각하고 있어
당신의 마음을 말하도록 하는 그런 종류의 사랑
당신은 날 노래하게 해
라, 라, 라, 라, 라
난 사랑에 빠졌다고 말해요
그리고 난 내가 진짜인지 아닌지 생각하고 있어

당신의 마음을 말하도록 하는 그런 종류의 사랑
당신은 날 노래하게 해
라, 라, 라, 라, 라
난 사랑에 빠졌어요

스트레스도 없고 화도 내지 않고 싸움도 없어
내가 당신 품에 안길 때면
시간도 없고 날짜도 없고 빛도 없어
(아니 이보다 더 좋은 것은 없어 그럼)
괜찮다고 하는 것 훨씬 더 이상이야
삶은 이런 걸로 만들어져 있어
그녀가 없으면 나도 없고 절대로 있을 수 없어
내가 설명해줄 게

나에게 새로운 여자가 생겼어
그녀는 그녀가 할 수 있는 모든 면에서 날 사랑해줘
그녀가 원하는 것은
내 계획의 일부가 되는 거야
안전하게 말하면 난 더 나은 방식에 놓여 있어
더 나은 방식
이런
이런 삶이 더 좋아
새로운 여자가 생겼어
걸어다니는 걸 좋아하고
단지 내 손을 잡고서
큐피드가 우릴 찾아냈어야 했음에 틀림없는데
그와 같이 사랑하고
이 여자를 사랑하고

어느 누구가 이해해줄까
내가 사랑에 빠진 걸
그리고 난 내가 진짜인지 아닌지 생각하고 있어
당신의 마음을 말하도록 하는 그런 종류의 사랑
당신은 날 노래하게 해
라, 라, 라, 라, 라
난 사랑에 빠졌다고 말해요
그리고 난 내가 진짜인지 아닌지 생각하고 있어
당신의 마음을 말하도록 하는 그런 종류의 사랑
당신은 날 노래하게 해
라, 라, 라, 라, 라
난 사랑에 빠졌어요

난 빌어먹을 모든 세상이 알길 바래
바람이 불듯 확실히
그 메시지가 가능한 멀리 전해주기 위해
내가 사랑에 빠졌다는 것을 그래
이런 감정을 막을 수 있는 건 아무것도 없어
우리가 나누고 있는 진정한 사랑을 그대여

나, 나, 나, 나
난 사랑에 빠졌어
난 사랑에 빠졌어
난 사랑에 빠졌어

난 사랑에 빠졌다는 사실
그리고 난 내가 진짜인지 아닌지 생각하고 있어
당신의 마음을 말하도록 하는 그런 종류의 사랑
당신은 날 노래하게 해
라, 라, 라, 라, 라
난 사랑에 빠졌어

그리고 만약 내가 당신의 심장을 말하게 하는 사랑이라면
당신은 날 노래하게 해
사랑에 빠졌다고 말해요
그리고 만약 내가 당신의 마음을 말하게 하는 사랑이라면
당신은 날 노래하게 해
사랑에 빠졌어

* 영어 발음 제대로 듣거나 말하기

1) 이어지는 소리(연음)의 경우

(1) 약모음 이동

found another, in a, walk around

found another에서 another의 a가 약모음 [ə]가 되어 앞 낱말 끝부분에 가서 붙어 '화운더 나더'에 가깝게 발음된다. in a에서 around의 a가 약모음 [ə]가 되어 앞 낱말 끝부분에 가서 붙어 '이너'로 발음된다. walk around에서 around의 a가 약모음 [ə]가 되어 앞 낱말 끝부분에 가서 붙어 '워커 라운드'로 발음된다.

(2) 자음 이동

I'm in, Said I, if I'm, as it

I'm in에서 I'm의 자음 m이 뒤에 있는 낱말 앞부분에 가서 붙어 '아이 민'으로 발음된다. Said I에서 Said의 자음 d가 뒤에 있는 낱말 앞부분에 가서 붙어 '세 다이'로 발음된다. if I'm에서 if의 자음 f가 뒤에 있는 낱말 앞부분에 가서 붙어 '이 화임'에 가깝게 발음된다. as it에서 as의 자음 s가 뒤에 있는 낱말 앞부분에 가서 붙어 '애 짓'또는 '어 짓'으로 발음된다.

2) 없어지는 소리(탈락)의 경우

Just holding, want the, world to, wind blows

Just holding에서 Just의 t는 자음 s와 holding의 자음 h 사이에 놓이기 때문에 탈락되어 '저스 홀딩'으로 발음된다. 이와 같이 자음과 자음 사이에 놓이는 여섯 개의 파열음인 철자—k/g, p/b, t/d—사이에 놓여 탈락되는 예로 wind blows가 해당된다.

want the에서 want의 t는 the의 th- 발음 [ð]와 비슷하기 때문에 t가 탈락되어 '완더'에 가깝게 발음된다.

world to에서 world에서 d는 to의 t는 발음이 나는 위치가 같기 때문에 앞의 d는 탈락되어 '월 터'로 발음된다.

3) 닮는 소리(동화)의 경우

Not up, Let me, got a, Part of, that I'm, better, Kind of

Not up에서 t(t)가 강모음과 약모음 사이에 놓이면 단타음(單打音)으로 되어 t도, d도, r도 아닌 발음이 된다. Not up은 '나럽'에 가깝게 발음된다. 이 소리는 한글로 정확하게 표기할 수 없으며 오직 소리로만 익힐 수밖에 없다. 특히 미국영어(American English)에서 두드러진 현상이다. got a, Part of, that I'm과 better도 마찬가지 경우이다.

Let me에서 Let의 t는 바로 뒤에 나온 me의 m을 닮아 t가 m으로 바뀌어 Lemme로 표기하기도 하지만, 발음은 대부분 '레미'로 발음된다.

Kind of에서 Kind의 d는 콧소리[비음] n의 영향을 받아 n으로 바뀐다.(Kinn of) 그리고 nn과 같이 같은 철자가 겹치기 때문에 앞의 n이 탈락된다. 따라서 Kind of는 '카이너브'로 발음된다. 그런데 Kind of 또는 kind of는 가끔 d가 자음이동이 되어 '카인더브'로 발음되는 경우도 있다.

4) 줄어진 소리(축약)의 경우

I'm, Lovin'

be 동사의 경우인 I'm이 있다.

Lovin'에서 'in은 ing의 줄인 형태이다. 이렇게 줄이는 이유는 노래를 부를 때 ing[ɪŋ]으로 발음하기도 힘이 들지만 노래를 부르는 경우 'in[ɪn]으로 소리를 내는 것이 훨씬 부드럽게 들리기 때문이 아닐까 생각해 본다.

5) 주의해야 할 발음

wanna, **must have found**, **tr**ue, **wh**ich

wanna는 허물없이 발음하는 경우의 예이다. wanna는 want to인데 입말체에서 '완터 투'로 발음하지 않고 '와너'로 발음하고, want to로 표기가 되어 있더라고 말을 할 때는 wanna로 발음하는 경우가 대부분이다. want to에서 wanna로 바뀌는 과정은 '팝송 영어 소리를 제대로 듣는 요령'에 나와 있는 설명을 참고하기 바란다.

must have found는 도우미동사have+과거분사의 형태이다. 이런 형태로 되어 있는 경우에는 세 개의 낱말이 한 박자를 받아야 하기 때문에 주어진 시간 안에 발음하려면 일부를 줄이거나 또는 약하게 발음할 수밖에 없다. 이 세 개의 낱말 가운데 have가 've로 하거나 have로 되어 있다 할지라도 발음을 약하게 해야 된다. must have found는 '머스트 해브 빈'이 아니라 '머스터브빈'에 가깝게 발음된다.

true에서 'tr~'의 발음은 '츠___'와 '추'의 중간쯤 되는 소리로 '츄'에 가깝게 발음된다. true는 '트루'라기 보다 '츠루'에 가깝게 발음된다.

which에서 wh~로 시작되는 낱말은 'w'뒤에 있는 'h'의 소리가 보통 들리지 않는다. 그러니까 which은 '휘치'이라기 보다 '위치'에 가깝게 발음된다. 그러나 사람과 관련된 who, whose, whom은 예외로 'h'의 소리가 그대로 난다.

* 팝송에 들어 있는 쓸모 있는 영어 표현들

1. I'm in love: **be in love (with)**는 '(…와) 사랑에 빠지다'라는 뜻으로 쓰인다. 예문들은 다음과 같다.

I'**m in love** with the girl!
(나는 그녀와 사랑에 빠졌어!)

She was in love with him.
(그녀는 그를 사랑하고 있었다.)

It's a boy that was in love with me.
(날 좋아했던 애야.)

2. Lovin'me in every way that she can: **in every way**는 '각 방면에, 어떤 점에서나, 모든 면에서, 모든 점에서; 모든 방법으로'라는 뜻으로 쓰인다. 예문들은 다음과 같다.

We are equal **in every way**.
(우리는 모든 면에서 평등하다.)

I have changed in every way.
(나는 모든 면에서 달라졌다.)

They affect our bodies in every way.
(그것들은 모든 점에서 우리 몸에 영향을 끼친다.)

3. All she wanna be is: 관계대명사 앞에 놓이는 것(선행사)이 **all**인 경우에는 관계대명사 that만 쓰인다. 이 경우 all의 뜻은 '(…한) 오직 한 가지[전부]'라는 뜻이다. 그런데 that가 주격으로 쓰일 때는 생략할 수 없지만 목적격으로 쓰일 때는 생략할 수 있다. 예문들은 다음과 같다.

I will do **all** that is required of me.
(제게 요구되는 일은 다 하겠습니다.)

The doctors did all that was humanly possible.
(그 의사들은 인간의 능력으로 할 수 있는 모든 일을 다 했다.)

He said all that remained was to agree to a time and venue.
(그는 이제 시간과 장소만 정하면 된다고 말했다.)

4. Safe to say that~: **safe to say**는 글자 그대로 '안전한 말하면'이란 뜻은 남의 감정을 상하게 할 염려 등이 없이 '이렇게 이야기를 해도 무방할 것 같은데' 또는 '~라고 말해도 될 것 같은데, ~라고 말해도 문제가 없을 것 같은데'라는 뜻으로 해석하면 될 것이다.

5. Kind of love that makes your heart say: **make** your heart **say**에서 make와 같은 강제성을 띄는 동사 다음에 목적어(your heart)가 오고 그 뒤에 오는 것은 to 부정사(to make)가 아닌 알몸동사(make)가 온다.

6. Life is made of this: **be made of**는 '~로 만들어지다, ~로 구성되다'라는 뜻으로 쓰인다. 예문들은 다음과 같다.

The pipes should **be made of** plastic.
(배관은 플라스틱으로 만들어져야 한다.)

Be careful with that vase, it is made of glass.
(그 꽃병 조심하세요, 그거 유리로 만들어졌어요.)

The faucets appeared to be made of solid gold.
(수도꼭지가 순금으로 만든 것처럼 보였다.)

7. No her, no me, no way: **no way**는 '절대로[결코] 아니다[안 되다], 불가능하다'라는 뜻이다. 예문들은 다음과 같다.

That's **no way** to speak to your mother!
(엄마께 그런 식으로 말하는 거 아냐!)

This is no way to encourage a love of literature.
(이렇게 해서는 문학에 대한 애정을 키울 수 없다.)

There's no way we could afford that sort of money.
(우리는 결코 그만한 돈을 들일[쓸] 형편이 안 된다.)

8. Nothing that can hold back this feeling: **hold back**은 1) '~을[를] 저지[제지]하다', 2) '(진전 · 발전을) 방해[저해]하다', 3) '~을[를] 비밀로 하다[말하지 않다]', 4) '(~하기를) 망설이다/~를[을] 망설이게 만들다'와 5) '(감정을) 누르다[참다]'라는 뜻으로 쓰인다. 이 노래에서는 1)의 뜻으로 쓰이고 있다.

1)의 뜻으로 쓰이는 경우

The police were unable to **hold back** the crowd.
(경찰이 군중을 저지하지 못했다.)

"Leigh,"he said seizing my arm to hold me back.
("리"라고 그가 나를 말리려고 팔을 붙들며 말했다.)

She had to hold him back as he tried to break for the door.
(그가 문 쪽으로 내달리려고 해서 그녀가 그를 붙잡고 있어야 했다.)

2)의 뜻으로 쓰이는 경우

The inflation **held bac**k the economy of a country.
(인플레이션이 국가경제발전을 저해했다.)

Stagnation in home sales is holding back economic recovery.
(국내 판매 불경기가 경제 회복을 저해하고 있다.)

Do you think that mixed-ability classes hold back the better students?
(당신은 (수준별이 아닌) 혼합반이 우수 학생들의 발전을 저해한다고 생각하세요?)

3)의 뜻으로 쓰이는 경우

We did not **hold** anything **back**.
(우리는 아무것도 감추지 않았다.)

She held back the announcement for a week.
(그녀는 일주일 동안 그 발표를 비밀로 했다.)

We must have the whole story. Don't hold anything back.
(모든 얘기를 해주셔야 해요. 숨기지 말고 말하세요.)

4)의 뜻으로 쓰이는 경우

He did not let the fear of failure **hold** him **back**.
(그는 실패에 대한 두려움이 그를 망설이게 하도록 하지 않았다.)

She held back, not knowing how to break the terrible news.
(그녀는 그 끔찍한 소식 얘기를 어떻게 꺼내야 할지 몰라서 망설였다.)

I wanted to tell him the truth, but something held me back.
(나는 그에게 진실을 말하고 싶었지만 뭔가가 나를 망설이게 만들었다.)

5)의 뜻으로 쓰이는 경우

He bravely **held back** his tears.
(그는 용감하게 울음을 참았다.)

She kept trying to hold back her tears.
(그녀는 계속 눈물을 참으려고 애썼다.)

She just managed to hold back her anger.
(그녀는 화가 나는 것을 간신히 눌렀다.)

기억할 만한 영어 문장

1. You got me singing.
(당신은 날 노래하게 해.)
2. I think if I'm the real thing.
(난 내가 진짜인지 아닌지 생각하고 있어.)
3. When I'm in your arms no time, no day, no light.
(내가 당신 품에 안길 때면 시간도 없고, 날짜도 없고, 빛도 없어.)

* 팝송 에세이

짝을 찾는 것은 장려할만한 일이고, 새로운 짝이 생겼다는 것은 환영하고 박수를 쳐줄만한 일이다. 새로운 짝을 찾아서 사랑에 빠지게 되었을 때의 감정은 세상을 다 얻었다는 느낌이 들 수도 있을 것이다. 그래서 자신이 "나 나 나 나 난 사랑에 빠졌어"를 반복해서 말하며 사랑에 빠졌다는 사실을 강조하고 있다. 사랑에 빠진 이후의 변화에 대한 확인은 사랑의 힘이라고 할 수 있다. 사랑하게 되면 눈물도 흘리지 않고 고통도 없는 상태가 되어 완전히 다른 세계 즉, 길을 찾게 되었다고 말한다. 그리고 스트레스도 없고, 화도 내지 않고, 싸움도 하지 않게 된다면 모든 것이 긍정적인 방향으로 잘 풀린다고 주장한다. 이런 것들은 사랑에 하게 되었을 때 충분히 짐작할 수 있는 내용들이라고 할 수 있다. 그런데 사랑에 빠졌을 때 "시간도 없고, 날짜도 없고, 빛도 없어"라는 것은 정지된 시간과 같은 느낌을 받았다는 것이다. 변화는 시간의 흐름과 관련이 있는데, 최고의 순간 또는 절정의 순간이 정지된 시간처럼 여겨지듯이 사랑에 빠진 상황을 시간이 정지된 느낌이 든다는 것이다.

사랑하게 되면 "난 사랑에 빠졌다는 사실 / 그리고 난 내가 진짜인지 아닌지 생각하고 있어 / 당신의 마음을 말하도록 하는 그런 종류의 사랑 / 당신은 날 노래하게 해"라고 하는 데서 알 수 있듯이 사랑에 빠지게 되면 최종적인 표현을 단적으로 나타내는 것이 노래하게 하는 것이라고 볼 수 있다. 노래를 한다는 것은 감정이 고조되었을 때 무의식적으로 일어날 수 있는 반응이기 때문이다. 노래를 하면서 얼굴에 나타난 흡족한 표정이 충분히 그려볼 수 있는 것이 사랑에 빠진 사람의 모습이 아닐까? 사랑에는 긍정적인 방향으로 변화를 일으키는 힘이 있으니까.

★ 덧붙이는 글 ★

Not up here on this sand에서 here가 아닌 her로 가사를 소개한 경우도 있는데 here가 맞는 가사이다.

And I think if I'm the real thing에서 if I'm이 아닌 I found로 가사를 소개한 경우도 있는데 if I'm이 맞는 가사이다.

Kind of love that makes your heart say에서 say가 아닌 sing으로 가사를 소개한 경우도 있는데 say가 맞는 가사이다.

I Just Can't Stop Loving You

Sung by Michael Jackson

Each time the wind blows
I hear your voice so
I call your name
Whispers at morning
Our love is dawning
Heaven's glad you came
You know how I feel
This thing can't go wrong
I'm so proud to say I love you
Your love's got me high
I long to get by
This time is forever
Love is the answer

I hear your voice now
You are my choice now
The love we bring
Heaven's in my heart
At your call I hear harps
And angels sing
You know how I feel
This thing can't go wrong
I can't live my life without you
I just can't hold on
I feel we belong
My life ain't worth living
If I can't be with you

I just can't stop loving you
I just can't stop loving you

And if I stop then tell me just what will I do
'Cause I just can't stop loving you

At night when the starts shine
I pray in you I'll find a love so true
When morning awakes me
Will you come and take me
I'll wait for you
You know how I feel, I won't stop until
I hear your voice saying "I do"(I do)
This thing can't go wrong
This feeling's so strong
Well, my life ain't worth living
If I can't be with you

I just can't stop loving you
I just can't stop loving you
And if I stop then tell me just what will I do
'Cause I just can't stop loving you

We can change all the world tomorrow
We can sing songs of yesterday
I can say, hey farewell to sorrow
This is my life
And I want to see you for always

I just can't stop loving you
I just can't stop loving you
No, baby, oh!
And if I stop then tell me just what will I do
I just can't stop loving you
I just can't stop loving you
And if I stop then tell me just what will I do
I just can't stop loving you

난 단지 당신에 대한 사랑을 멈출 수 없어요

마이클 잭슨의 노래

언제나 바람이 불 때마다
난 당신의 목소리가 듣게 됩니다
그래서 난 당신 이름을 불러봅니다
아침의 속삭임으로
우리의 사랑은 시작되지요
당신이 내게로 오는 것을 하늘마저도 반기는군요
당신 내가 느끼는 기분을 아시겠지요
이것은 잘못될 수 없어요
내가 당신을 사랑한다고 말하는 것이 너무도 자랑스러워요
그대의 사랑으로 난 행복해 가득차고
내 사랑이 이어지기를 간절히 바랍니다
이 시간은 영원한데
사랑이 그 해결책이에요

나는 지금 당신의 목소리를 듣습니다
당신은 지금 내가 선택한 것입니다.
우리가 가져다 준 사랑은
내 가슴에 천국처럼 평온한 사랑입니다
당신이 나를 부르면, 하프의 울림과
천사들이 노래하는 것을 듣는 것 같아요
당신 내가 느끼는 기분을 아시겠지요
이것은 잘못될 수 없어요
난 당신 없이 살아갈 수 없어요
난 당신 없이는 견딜 수가 없어요
우리는 하나로 느껴요
당신과 함께 할 수 없다면
내겐 살아갈만한 가치가 없어요

난 단지 당신에 대한 사랑을 멈출 수 없어요
난 단지 당신에 대한 사랑을 멈출 수 없어요
그리고 이 사랑을 멈추어 버린다면 내가 단지 무얼 해야 되는지 나에게 말해 주세요
난 단지 당신에 대한 사랑을 멈출 수 없기 때문이에요

별이 빛나는 밤에
당신 안에서 내가 진실한 사랑을 찾을 수 있도록 기도합니다
아침이 나를 깨우면
내게 다가와 나를 데려가 주세요

내가 당신을 기다리고 있을 테니까
내가 어떻게 느끼는지 당신은 아시겠지요
"그럴 게요"라고 당신이 말하는 목소리를 들을 때까지 난 멈추지 않을 거에요
이것은 잘못될 수 없어요
이런 느낌이 너무 강하게 들어요
당신과 함께 할 수 없다면
내겐 살아갈만한 가치가 없어요

난 단지 당신에 대한 사랑을 멈출 수 없어요
난 단지 당신에 대한 사랑을 멈출 수 없어요
그리고 이 사랑을 멈추어 버린다면 내가 단지 무얼 해야 되는지 나에게 말해 주세요
난 단지 당신에 대한 사랑을 멈출 수 없기 때문이에요

우리 내일 모든 세상을 바꿀 수 있을 거예요
우린 지난날의 노래를 부를 수도 있을 거구요
난 말할 수 있어요, 자 슬픔이여 안녕이라고
이것만이 나의 삶이기에
그리고 당신을 영구히 바라보고 싶어요

난 단지 당신에 대한 사랑을 멈출 수 없어요
그래요, 사랑하는 그대여, 오
난 단지 당신에 대한 사랑을 멈출 수 없어요
그리고 내가 이 사랑을 멈추어 버린다면 내가 단지 무얼 해야 되는지 나에게 말해 주세요
난 단지 당신에 대한 사랑을 멈출 수 없어요
난 단지 당신에 대한 사랑을 멈출 수 없어요
그리고 내가 이 사랑을 멈추어 버린다면 내가 단지 무얼 해야 되는지 나에게 말해 주세요
난 단지 당신에 대한 사랑을 멈출 수 없어요

* 영어 발음 제대로 듣거나 말하기

1) 이어지는 소리(연음)의 경우

(1) 약모음 이동

find **a**

find **a**에서 a가 약모음 [ə]가 되어 앞 낱말 끝부분에 가서 붙어 '화인더'에 가깝게 발음된다.

(2) 자음 이동

Whisper**s a**t, lo**v**e **i**s, lo**v**e **y**ou, hol**d o**n, wi**ll I**

Whisper**s a**t에서 Whispers의 자음 s가 뒤에 있는 낱말 앞부분에 가서 붙어 '위스퍼 잿'으로 발음된다. lo**v**e **i**s에서 love의 자음 v가 뒤에 있는 낱말 앞부분에 가서 붙어 '러 비즈'로 발음된다. love의 끝에 있는 모음 e는 약하게 발음되어 무시해도 될 정도이다. lo**v**e **y**ou에서 love의 자음 v가 뒤에 있는 낱말 앞부분에 가서 붙어 '러 뷰'로 발음된다. love의 끝에 있는 모음 e는 약하게 발음되어 무시해도 될 정도이다. hol**d o**n에서 hold의 자음 d가 뒤에 있는 낱말 앞부분에 가서 붙어 '홀 돈'으로 발음된다. wi**ll I**에서 will의 자음 ll이 뒤에 있는 낱말 앞부분에 가서 붙어 '윌 라이'로 발음된다.

2) 없어지는 소리(탈락)의 경우

win**d** blows, voi**ce** so, can'**t** go, prou**d** to, angel**s** sing, can'**t** live, can'**t** hold, can'**t** be, jus**t** can't, can'**t** stop, jus**t** what, wi**ll**, star**s** shine, feeling'**s** so, a**ll**, worl**d** tomo**r**row, farewe**ll**, wan**t** to

win**d** blows에서 wind의 d는 자음 n과 blows의 자음 b 사이에 놓이기 때문에 탈락되어 '윈 브로우즈'로 발음된다. 이와 같이 자음과 자음 사이에 놓이는 여섯 개의 파열음인 철자—k/g, p/b, t/d—사이에 놓여 탈락되는 예로 can'**t** go, can'**t** hold, can'**t** be, jus**t** can't, can'**t** stop, jus**t** what와 worl**d** tomo**r**row가 해당된다.

voice so에서 voice의 ce의 발음 [s]와 so의 s와 발음이 같기 때문에 앞의 [s]가 탈락되어 '보이 소우'에 가깝게 발음된다.

proud to에서 proud에서 d가 to의 t와 같은 위치에서 소리가 나기 때문에 앞의 d가 탈락되어 '프라우 터'로 발음된다.

angels sing에서 angels의 s와 sing의 s는 겹쳐서 나오기 때문에 앞의 s가 탈락되어 '앤젤 싱'으로 발음된다. will, feeling's so, all, farewell과 want to도 마찬가지 경우이다.

stars shine에서 stars의 끝에 있는 s는 shine의 sh- 발음 [ʃ]는 발음이 비슷하기 때문에 앞에 있는 s는 탈락되어 '스따 샤인'에 가깝게 발음된다.

3) 줄어진 소리(축약)의 경우

ain't, love's, Heaven's, can't, I'll

부정형인 ain't와, can't, be 동사의 경우인 love's와 Heaven's, 도우미동사(조동사)의 경우인 I'll이 있다. 이 가운데 I'll에서 'll이 한국인이 발음하기에 가장 힘든 예이다. 그 이유는 'll은 will의 줄인 형태인데 'll'이 한국어에 없는 발음으로, 'l'은 혀를 입천장에 붙여서 소리를 내야 하는데, 한국어에는 이렇게 소리를 내는 것이 없기 때문이다.

4) 주의해야 할 발음

Whispers, can't, what, when, can

Whispers, what과 **when**에서 wh~로 시작되는 낱말은 'w'뒤에 있는 'h'의 소리가 보통 들리지 않는다. 그러니까 Whispers는 '휘스퍼즈'라기 보다 '위스퍼즈'에 가깝게, what는 '홧'이라기 보다 '왓'에 가깝게, when은 '휀'이 아니라 '웬'에 가깝게 발음된다. 그러나 사람과 관련된 who, whose, whom은 예외로 'h'의 소리가 그대로 난다.

can't와 **can**은 도우미동사로 기능낱말이기 때문에 약하게 발음한다. 그런데 can't 다음에 자음이 나오기 때문에 탈락되는 경우가 대부분이어서 can은 [kən]으로 can't는 [kæn]으로 발음하기로 약속이 되어 있다. 그런데 can이 문장 가운데 들어가는 경우가 [kən]으로 주로 발음되고 문장의 끝에 들어가는 경우에는 [kæn]으로 발음되는 경우가 대부분이다. can't는 기본적으로 [kæn]으로 발음되면서 can 보다 약간 길게 발음되는 경향이 있다.

* 팝송에 들어 있는 쓸모 있는 영어 표현들

1. Heaven's glad: **Heaven's glad**는 '하늘[하늘나라]이 기뻐한다'라는 글자 그대로의 표현인데, 이것은 인간 세상이 아닌 천국마저 반긴다는 뜻이다.

2. This thing can't go wrong: **go wrong**은 1) '실수를 하다[잘못하다]', 2) '고장 나다[망가지다]'와 3) '(일이) 잘못되다[문제를 겪다]'라는 뜻으로 쓰인다. 이 노래에서는 3)의 뜻으로 쓰인다.

   1)의 예문들은 다음과 같다.

   Where did we **go wrong** with those kids?
   (우리가 그 아이들에 대해 뭘 잘못한 거죠[우리가 어떻게 잘못했기에 아이들이 그렇게 빗나갔을까요]?)

   This is where a lot of parents go wrong.
   (이 부분이 많은 부모들이 길을 잘못 드는 지점이다.)

   Where did I go wrong in my calculations?
   (내가 어디에서[어떤 부분에서] 계산이 잘못되었지?)

   2)의 예문들은 다음과 같다.

   My watch keeps **going wrong**.
   (내 시계가 자꾸 고장이 난다.)

   Something went wrong with the engine.
   (엔진에 이상이 있다.)

   Something went wrong with the machine.
   (기체에 고장이 났다.)

3)의 예문들은 다음과 같다.

I try not to stress out when things **go wrong**.
(나는 일이 잘못되어 갈 때 스트레스를 받지 않으려고 노력한다.)

She is not short of excuses when things go wrong.
(일이 잘못되면 그녀는 변명할 거리가 없어서 못 대지는 않는다.)

I know only too well that plans can easily go wrong.
(나는 계획이 쉽게 잘못 될 수 있다는 것을 너무나 잘 알고 있다.)

3. Your love's got me high: **Your love's got me high**는 '당신의 사랑을 나를 높은 곳에 갖다 놓는다'는 글자 그대로의 표현이지만, '당신의 사랑은 나를 아주 기분 좋게 해준다'라고 이해하면 될 것이다. 이 외에 get high는 '~에 몰두하다, 취하다'라는 뜻도 갖고 있다.

4. I long to get by: **long to**는 '(특히 곧 있을 것 같지 않은 일을) 간절히 바라다'라는 뜻으로 쓰인다. **get by**는 1) '(~으로) 그럭저럭 살아[해] 나가다'와 2) '지나가다'(=pass)라는 뜻으로 쓰인다. 예문들은 다음과 같다.

long to의 경우

I **long to** go home.
(나는 집에 돌아가고 싶은 생각이 간절하다.)

I'm longing to see you again.
(나는 당신을 다시 만나게 되길 간절히 바라고 있어요.)

Only the young are young, but we all long to be youthful.
(오직 젊은이들만이 젊지만, 우리는 모두 젊기를 간절히 바란다.)

get by의 경우

1)의 예문들

How does she **get by** on such a small salary?
(그녀는 그렇게 적은 급료로 어떻게 살아갈까?)

I'll get by with a bike until I can afford a car.
(내가 차를 살 여유가 생길 때까지는 자전거로 견디겠어.)

He has to get by on unemployment compensation.
(그는 실업 수당으로 꾸려 나가야 한다.)

2)의 예문들

Please let me **get by**.
(지나가도록 해 주세요.)

Excuse me, I can't get by.
(미안하지만 좀 지나갈게요.)

This is my floor. Let me get by, please.
(내가 내릴 층입니다. 좀 지나가겠습니다.)

5. I just can't hold on: **hold on**은 1) 1. '(명령문 형태로 쓰여) 기다려[멈춰]', 2) '(곤경 · 위험을) 견뎌[참아] 내다', 3) hold sth on으로 쓰여 '~을 (제자리에) 고정시키다'와 4) '(~을[를]) 계속 잡고 있다'라는 뜻으로 쓰인다. 이 노래에서는 2)의 뜻으로 쓰이고 있다.

1)의 뜻으로 쓰이는 경우

Hold on! This isn't the right road.
(멈춰! 이 길이 맞는 길이 아냐.)

Hold on please, I'm trying to connect you.
(잠깐 기다리세요. 연결해 드리겠습니다.)

Hold on a minute while I get my breath back.
(내가 숨을 돌릴 때까지 잠깐 기다려.)

2)의 뜻으로 쓰이는 경우

I can't **hold on** much longer.
(난 더 이상 버틸 수 없어.)

I'm just too sleepy to hold on.
(난 졸려서 못 견디겠어요.)

They managed to hold on until help arrived.
(그들은 구조의 손길이 도착할 때까지 간신히 견뎠다.)

3)의 뜻으로 쓰이는 경우

This knob is only **held on** by sticky tape.
(그 손잡이는 겨우 접착테이프로 고정되어 있다.)

These nuts and bolts hold the wheels on.
(이 너트와 볼트들 덕분에 바퀴가 제자리에 붙어 있게 된다.)

4)의 뜻으로 쓰이는 경우

Here we go! **Hold on** to your hat!
(자, 갑니다. 모자가 바람에 날아가지 않도록 꽉 잡아요.)

Hold on and don't let go until I say so.
(내가 그러라고 할 때까지 놓지 말고 계속 잡고 있어.)

Hold on to my hand since it's dangerous.
(위험하니까 내 손 꼭 붙잡아요.)

6. My life ain't worth living: **ain't**는 1) am not/is not/are not와 2) has not/have not의 줄인 형태이다. be worth living에서 **be worth 동명사(~ing)**는 '~할 가치가 있다'라는 뜻으로 쓰인다. 예문들은 다음과 같다.

This idea **is** well **worth considering**.
(이 생각은 충분히 고려할 가치가 있다.)

Very few of his books are worth reading.
(그의 책들 가운데 극히 소수만이 읽을 가치가 있다.)

His way of thinking is worth learning from.
(그의 사고방식은 배울 가치가 있어요.)

7. And I want to see you for always; for always는 '영구히, 영원히'(=forever)라는 뜻으로 쓰인다. 예문들은 다음과 같다.

I will love you so as **for always**.

(나는 당신을 그렇게 영원히 사랑할 것입니다.)

Thank you very much for always watching over us.

(항상 우리를 돌봐줘서 당신에게 감사드려요.)

I said thank you to her for always keeping me safe.

(나는 그녀에게 늘 나를 안전하게 지켜줘서 감사하다고 말했어.)

기억할 만한 영어 문장

1. Our love is dawning.
   (우리의 사랑은 시작되지요.)
2. I just can't stop loving you.
   (난 단지 당신에 대한 사랑을 멈출 수 없어요.)
3. I'm so proud to say I love you.
   (내가 당신을 사랑한다고 말하는 것이 너무도 자랑스러워요.)

* 팝송 에세이

"당신을 향한 나의 사랑을 멈출 수 없어요"라고 계속해서 부르짖고 있다. 바람이 불어도 바람결에 당신의 목소리를 듣게 되고, 아침이면 속삭임으로 사랑을 시작하게 되고, 당신의 목소리를 들으면 하프 선율을 듣는 것 같고, 마치 천사가 노래하는 것 같다고 말한다. 사랑한다고 말하는 것이 너무도 자랑스럽고, 사랑하는 시간이 영원히 지속되기를 원하고, 사랑은 천국에 있는 기분을 느끼게 한다고도 말한다. 그러면서 우리의 사랑이 잘못되지 않길 간절히 바라고, 당신이 없으면 살 수 없고, 살만한 가치마저 없다고 말한다. 별이 반짝이는 밤에도 진실한 사랑이 되기를 간절히 기도하면서, 미래에 세상을 바꿀 수 있을 것 같은 느낌을 갖고, 사랑했던 과거의 시절을 즐겁게 노래할 수 있을 것 같은 느낌을 갖게 된다. 나는 당신을 영원히 보고 싶으면서, "난 단지 당신에 대한 사랑을 멈출 수 없다"고 노래하고 있다.

사랑을 하게 되면 어떻게 되는지를 알 수 있는 사랑의 교범을 읽고 있는 듯한 착각을 불러일으킨다. 사랑을 하게 되면 천상과 지상을 연결지어 생각할 뿐만 아니라 지상에는 즐거움으로 가득 차서 노래 소리가 울려 퍼지는 듯한 느낌을 갖게 된다. 사랑을 하게 되면 대상을 바라보는 시각도 달라지고 사물을 대하는 태도도 달라지고 자연마저 사랑하는 사람들의 편인양 느껴진다. 사랑하는 사람은 둘이 아니라 하나라는 느낌을 갖게 된다. 몸은 둘이지만 마음은 하나라는 생각은 연금술(錬金術)의 영향이긴 하지만 둘이 하나 되고 싶은 꿈과 바람이 사랑 행위를 통해 나타나는 것이 아닐까? 그렇지만 둘은 하나가 될 수 없듯이 하나가 되고 싶은 욕망의 표현은 둘을 통해 하나의 완성을 지향하고자 하는 바람이 사랑이 아닐까라는 생각이 든다. 사랑은 서로를 하나로 묶어주는 끈 또는 힘이 되는 것은 분명하다. 그러나 용광로를 통해 질이 좋은 철이 만들어지기가 쉽지 않듯이 사랑의 완성이 사랑의 완성 또한 쉽게 성취되는 것은 아니다. 어쩌면 어렵게 성취되는 그 자체가 사랑의 가치를 더 높여준다고 볼 수 있다. 수많은 사람들이 사랑에 대해 여러 가지로 이야기하고 있지만 정작 사랑이 무엇인지 깨닫는 것은 결코 쉬운 일이 아니다. 우리 주변에서 사랑의 완성이나 사랑이 꽃을 피우는 경우를 보는 것 보다 실패한 사랑에 대한 이야기를 더 많이 듣기 때문이다. 따라서 우리는 일상생활에서 사랑하고 사랑받기 위해서 무엇을 해야 하는지 곰곰이 생각해 볼 필요가 있을 것이다. 사랑이 넘쳐나길 바라며 사랑이 제대로 실현되길 바라는 마음은 우리의 순수한 마음일 것이다.

★ 덧붙이는 글 ★

두 번째 연의 The love we bring에서 we가 you로 되어 있는 경우가 있다.
두 번째 연의 I just can't hold on에서 can't hold on이 아닌 get hooked로 가사가 소개된 경우도 있다.
세 번째 연과 여섯 째 연의 I just can't stop loving you의 앞에 'Cause가 가사에 제시되어 있으나 실제 노래를 부를 때는 나타나지 않는다.

When a Man Loves a Woman

Sung by Michael Bolton

When a man loves a woman
Can't keep his mind on nothin'else
He'd trade the world
For the good thing he's found
If she is bad he can't see it
She can do no wrong
Turn his back on his best friend
If he puts her down

When a man loves a woman
Spend his very last dime
Trying to hold on to what he needs
He'd all his comforts
And sleep out in the rain
If she said that's the way it ought to be

When a man loves a woman, yeah
I give you everything I've got
Tryin'to hold on to your precious love
Baby baby please don't treat me bad

When a man loves a woman
Deep down in his soul
She can bring him such a misery
If she is playing him for a fool
He's the last one to know
Loving eyes can never see

Yes, when a man loves a woman
I know exactly how he feels
'Cause baby baby
When a man loves a woman
When a man loves a woman
When a man loves a woman
When a man
When a man
When a man loves a woman

어떤 남자가 어떤 여자를 사랑할 때

마이클 볼턴의 노래

어떤 남자가 어떤 여자를 사랑할 때
다른 사람에게 그의 마음을 둘 수 없고
그가 발견한 좋은 것을 여인을 위해
세상과도 바꿀 수 있어요
그녀가 나쁜 여자라도 그는 알 수 없고
그녀는 잘못할 수가 없죠
그의 좋은 친구가 그녀를 깎아내리면
그는 그의 좋은 친구와 등을 돌리고 말아요

어떤 남자가 어떤 여자를 사랑할 때
마지막 남은 동전까지 써버려요
그가 필요로 하는 것에 유지하고자
그는 그의 모든 편안함을 포기하고 싶고
그리고 밖에서 비를 맞으며 잘 거예요
그녀가 그렇게 해야 된다는 식으로 말을 하게 되면

어떤 남자가 어떤 여자를 사랑할 때
가장 소중한 사랑을 유지하려고
내가 가진 모든 걸 당신에게 주어요
사랑하는 이여 사랑하는 이여 제발 날 나쁘게 대하지 말아요

어떤 남자가 어떤 여자를 사랑할 때
그의 영혼 깊숙이
그녀는 그를 아주 비참하게 만들 수도 있어요
그를 바보로 취급하면서 가지고 놀더라도
그는 알려고 하는 사람이 아니에요
사랑하는 눈망울은 결코 볼 수 없어요

그래요. 어떤 남자가 어떤 여자를 사랑할 때
난 그가 어떻게 느끼는지 정확하게 알아요
왜냐하면 사랑하는 그대여 사랑하는 그대여
어떤 남자가 어떤 여자를 사랑할 때
어떤 남자가 어떤 여자를 사랑할 때
어떤 남자가 어떤 여자를 사랑할 때
어떤 남자가
어떤 남자가
어떤 남자가 어떤 여자를 사랑할 때

* 영어 발음 제대로 듣거나 말하기

1) 이어지는 소리(연음)의 경우

(1) 약모음 이동

When a, loves a, such a, for a

When a에서 a가 약모음 [ə]가 되어 앞 낱말 끝부분에 가서 붙어 '웨너'로 발음된다. loves a, such a와 for a도 마찬가지 경우이다.

(2) 자음 이동

keep his, mind on, Turn his, back on, Spend his, hold on, give up, all his, sleep out, in his

keep his에서 keep의 자음 p가 뒤에 있는 낱말 앞부분에 가서 붙어 '키 피스'로 발음된다. Turn his, Spend his, all his와 in his도 마찬가지 경우이다. mind on에서 mind의 자음 d가 뒤에 있는 낱말 앞부분에 가서 붙어 '마인 던'으로 발음된다. back on과 hold on도 마찬가지 경우이다. give up에서 give의 자음 v가 뒤에 있는 낱말 앞부분에 가서 붙어 '기 법'으로 발음된다. give의 끝에 있는 모음 e는 약하게 발음되어 무시해도 될 정도이다. sleep out에서 sleep의 자음 p가 뒤에 있는 낱말 앞부분에 가서 붙어 '스리 파웃'으로 발음된다.

2) 없어지는 소리(탈락)의 경우

Can't keep, can't see, best friend, last dime, all, And sleep, said that's, ought to, don't treat, his soul, exactly, feel

Can't keep에서 Can't의 t는 자음 n과 keep의 자음 k 사이에 놓이기 때문에 탈락되어 '캔 킵'으로 발음된다. 이와 같이 자음과 자음 사이에 놓이는 여섯 개의 파열음인 철자—k/g, p/b, t/d—사이에 놓여 탈락되는 예로 can't see, best friend, last dime, And sleep과 exactly가 해당된다.

all에서 ll은 같은 철자가 겹쳐서 나오기 때문에 앞의 l은 탈락된다. ought to, don't treat, his soul과 feel도 마찬가지 경우이다.

said that's에서 said의 d는 that의 th- 발음 [ð]와 비슷하기 때문에 앞의 d가 탈락되어 '세 대츠'에 가깝게 발음된다.

3) 닮는 소리(동화)의 경우

what he

what he에서 t(t)가 강모음과 약모음 사이에 놓이면 단타음(單打音)으로 되어 t도, d도, r도 아닌 발음이 된다. what he는 '와리'에 가깝게 발음된다. 이 소리는 한글로 정확하게 표기할 수 없으며 오직 소리로만 익힐 수밖에 없다. 특히 미국영어(American English)에서 두드러진 현상이다.

4) 줄어진 소리(축약)의 경우

Can't, nothin', He'd, he's, I'd, Tryin', 'Cause

부정형인 Can't, 도우미동사(조동사)의 경우인 He'd와 I'd, be 동사의 경우인 he's가 있다.

nothin'과 Tryin'에서 'in은 ing의 줄인 형태이다. 이렇게 줄이는 이유는 노래를 부를 때 ing[ɪŋ]으로 발음하기도 힘이 들지만 노래를 부르는 경우 'in[ɪn]으로 소리를 내는 것이 훨씬 부드럽게 들리기 때문이 아닐까 생각해 본다.

'Cause는 Because의 줄어진 형태이다.

5) 주의해야 할 발음

When, **can't**, **trade**, **can**, **treat**

When에서 wh~로 시작되는 낱말은 'w'뒤에 있는 'h'의 소리가 보통 들리지 않는다. 그러니까 When은 '휀'이라기 보다 '웬'에 가깝게 발음된다. 그러나 사람과 관련된 who, whose, whom은 예외로 'h'의 소리가 그대로 난다.

can't와 **can**은 도우미동사로 기능낱말이기 때문에 약하게 발음한다. 그런데 can't 다음에 자음이 나오기 때문에 탈락되는 경우가 대부분이어서 can은 [kən]으로 can't는 [kæn]으로 발음하기로 약속이 되어 있다. 그런데 can이 문장 가운데 들어가는 경우가 [kən]으로 주로 발음되고 문장의 끝에 들어가는 경우에는 [kæn]으로 발음되는 경우가 대부분이다. can't는 기본적으로 [kæn]으로 발음되면서 can 보다 약간 길게 발음되는 경향이 있다.

trade와 **tr**eat에서 'tr~'의 발음은 '츠__'와 '추'의 중간쯤 되는 소리로 '츄'에 가깝게 발음된다. trade는 '트레이드'이라기 보다 '츄레이드'로, treat는 '트리트'라기 보다 '츄 리트'에 가깝게 발음된다.

* 팝송에 들어 있는 쓸모 있는 영어 표현들

1. He'd trade the world / For the good thing he's found: **would**는 기본적으로 도우미동사(조동사)로서 will의 과거형으로 많이 쓰인다. 그렇지만 would는 그 외에 다양한 뜻으로 쓰이기 때문에 이런 저런 뜻을 알게 되면 would가 들어간 다양한 영어 문장의 다채로운 모습을 보게 될 것이다. 이 노래에서는 would는 간절한 바람을 나타내는 would로서 '~하고 싶다, ~하면 좋으련만'정도로 이해하면 될 것 같다.

   trade ~ for ...는 '~를 …로 교환하다, 주고받다, 맞바꾸다'라는 뜻으로 쓰인다. 예문들은 다음과 같다.

   I'll **trade** you **for** the car keys.
   (내가 당신에게 차 열쇠를 교환해드릴게요.)

   In fact, she won't trade you for anything!
   (사실, 너희 엄마는 너를 그 무엇과도 바꾸지 않으실 거야!)

   Then he would trade that thing for something better.
   (그 후, 그는 그 물건을 더 나은 물건과 교환할 예정이었다.)

2. Turn his back on his best friend: **turn one's back on**은 '…에게 등을 돌리다'라는 뜻으로 쓰인다. 예문들은 다음과 같다.

Sadly, their mother **turned her back on** them.
(슬프게도, 그들의 엄마는 그들에게서 등을 돌렸습니다.)

She turned her back on them when they needed her.
(그녀는 그들이 자기를 필요로 할 때 그들에게 등을 돌렸다.)

He turned his back on them and stomped off up the hill.
(그는 그들에게 등을 돌리고 화난 걸음으로 언덕 위로 올라갔다.)

3. If he puts her down: **put down**은 1) '(손에 들고 있던 것을 탁자 등에) 내려놓다', 2) '착륙하다[내려앉다]', 3) '(특히 다른 사람들 앞에서) ~를 바보로 만들다[깎아내리다/깔아뭉개다]', 4) '(글 · 메모 등을) 적다, 쓰다, 기록하다', 5) '(무력으로) 평정[平定]하다, 진압하다', 6) '죽이다'와 7) (선금 · 착수금 등을) 지불하다[내다]라는 뜻으로 쓰인다. 이 노래에서는 3)의 뜻으로 쓰인다.

1)의 예문들은 다음과 같다.

Danny **put down** his glass.
(대니가 잔을 내려놓았다.)

Put that knife down before you hurt somebody!
(누구 다치게 하기 전에 그 칼 내려놔!)

They put down wooden boards, and laid new carpets on top.
(그들은 나무판자를 놓고 그 위에 새 카펫을 깔았다.)

2)의 예문들은 다음과 같다.

He **put down** in a field.
(그는 들판에 착륙했다.)

But they are not so easily put down.
(하지만 그들이 착륙하기는 그리 쉽지 않다.)

The dark-green aircraft was looking for a place to put down.
(그 짙은 녹색의 비행기는 착륙할 곳을 찾고 있었다.)

3)의 예문들은 다음과 같다.

Don't **put** me **down** because I'm poor.
(내가 가난하다고 깔보지 마라.)

There's no need to put yourself down.
(너 스스로 자기 비하할 필요는 없다.)

I know that I do put people down occasionally.
(나도 내가 가끔 사람들을 깎아내리는 것을 알고 있어.)

4)의 예문들은 다음과 같다.

You have to **put** it **down** in writing.
(당신은 문서로 작성하셔야 합니다.)

Don't forget to put it down in your notebook.
(잊지 말고 노트에 기록해 두세요.)

Two thousand is a nice round number—put that down.)
(이천이면 충분히 대략 맞는 수가 될 것 같군. 그렇게 적어 둬.)

5)의 예문들은 다음과 같다.

The army **put down** the rebellion.
(군대가 반란을 진압했다.)

Soldiers were sent to put down the riot.
(군인들이 폭동 진압에 투입되었다.)

The civil uprising was put down very quickly.
(그 시민봉기는 매우 빠르게 진압되었다.)

6)의 예문들은 다음과 같다.

We had to have our cat **put down**.
(우리는 우리 고양이를 안락사 시켜야 했다.)

If you were a dog, you'd have been put down.
(만약 당신이 개였다면, 당신은 안락사 당했을 거예요.)

She finally agreed to have the wretched animal put down.
(그녀는 마침내 그 가련한 동물을 처치하는[안락사 시키는] 데 동의했다.)

7)의 예문들은 다음과 같다.

We've **put down** a 5% deposit on the house.
(우리는 그 집에 오 퍼센트의 보증금을 걸었다.)

It may be to put down a deposit on a tenancy or a home.
(그것은 주택차용 또는 집의 예치금을 내야할지 모른다.)

I put down a $500 security deposit for another apartment.
(나는 다른 아파트를 위해서 500 달러의 보증금을 예치했다.)

4. Spend his very last dime: **dime**은 '다임(미국 · 캐나다의 십 센트짜리 동전)'라는 뜻으로 쓰인다. 십 센트가 아주 작은 돈이기 때문에 모든 것 다 바치겠다는 뜻을 이렇게 비유적으로 표현하고 있다.

5. Trying to hold on to what he needs: **hold on to**는 1) '(자기에게 유리한 것을) 고수하다[지키다]; (팔거나 주지 않고) 계속 보유하다'와 2) '~에 매달리다, 꼭 잡다'(=seize and cling to)라는 뜻으로 쓰인다. 이 노래에서는 1)의 뜻으로 쓰인다.

1)의 예문들은 다음과 같다.

You should **hold on to** your oil shares.
(당신은 석유 주식들을 계속 보유하셔야 합니다.)

I'd buy a few shares now, and just hold on to them.
(저라면 지금 몇 주 사서 보유하겠습니다.)

I told him how we had fought to hold on to the company.
(나는 우리가 회사를 지켜 내기 위해 어떻게 분투해 왔는지 그에게 알려 줬다.)

2)의 예문들은 다음과 같다.

Hold on to the handrail to keep your balance.
(몸의 균형을 유지하기 위해 손잡이를 꼭 잡고 있으세요.)

He strained to hold on to the mossy concrete.
(그는 이끼 낀 콘크리트 표면을 계속 붙잡고 있으려고 안간힘을 썼다.)

Eels were so slippery that I couldn't hold on to them.
(뱀장어들이 미끈거려서 손에 잡히지 않았다.)

6. He'd give up all his comforts: **give up**은 '(수동태로는 안 씀) (하던 일을) 그만두다; (가지고 있던 것을) 단념하다, 포기하다'라는 뜻으로 쓰인다. 예문들은 다음과 같다.

They **gave up** without a fight.
(그들은 싸우지 않고 포기했다.)

She didn't give up work when she had the baby.
(그녀는 아기를 가졌을 때 일을 그만두지 않았다.)

He is obstinate and determined and will not give up.
(그는 고집 세고 단호하며 포기하려 하지 않는다.)

7. She can bring him such a misery: **such a misery**는 such+a(an)+명사의 형태로서 '굉장한[커나 큰] 불행'으로 이해할 수 있다. such a(an) 명사에서 such a(an)는 부사 '매우, 아주, 무척, 정말'과 비슷한 뜻으로 쓰인다. 예문들은 다음과 같다.

She's **such a** little monkey.
(정말 장난꾸러기 같은 여자 아이야.)

She is such a cute little thing.
(그녀는 무척 귀여운 어린 녀석이다.)

Casper is such a cute, little ghost robot.
(캐스퍼는 정말 귀여운 작은 유령 로봇이다.)

8. If she is playing him for a fool: play는 '놀다'라는 뜻 이 외에 다양한 뜻으로 쓰인다. 그 가운데 이 노래에서 **play**는 '다루다[처리하다]'라는 뜻으로 쓰이고 있다. 예문은 다음과 같다.

You **play** me for a fool!
(나를 바보로 아는군!)

Don't play me for a fool!
(날 바보 취급 하지마라!)

Our government are being played for fools.
(우리의 정부는 바보처럼 취급되고 있다.)

9. He's the last one to know: last는 '마지막의, 가장 최근의, 바로 앞의, 지난, 마지막(남은)'이란 뜻으로 자주 쓰인다. 그런데 그렇게 자주 등장하는 것은 아니지만 이 노래에서 쓰인 **last**는 '결코 …할 것 같지 않은, 가장 덜 …한'이란 뜻으로 쓰이고 있다. 이런 뜻으로 쓰인 예문들은 다음과 같다.

He is the **last** person to tell a lie.
(그는 거짓말을 할 사람이 절대 아냐.)

The last thing she needed was more work.
(그녀에게 가장 덜 필요한 것이 일을 더 하는 것이었다[일을 더 하는 것은 결코 그녀에게 필요한 것이 아니었다].)

He's the last person I'd trust with a secret.
(내가 믿고 비밀을 말할 수 있는 사람이 결코 아니다.)

10. Loving eyes can never see: **Loving eyes can never see**는 글자 그대로 '사랑하는 눈망울은 결코 볼 수 없어요'이다. 이것은 그가 사랑에 눈이 멀어서 상대방이 어떤 행동을 하더라도 제대로 상황 파악을 하지 못한다는 뜻이다. 그러니까 사랑을 하면 꽁깍지가 쓰인다는 것과 비슷한 표현일 것이다.

기억할 만한 영어 문장

1. I know exactly how he feels.
(난 그가 어떻게 느끼는지 정확하게 알아요.)
2. I give you everything I've got.
(내가 가진 모든 걸 당신에게 주어요.)
3. He'd give up all his comforts.
(그는 그의 모든 편안함을 포기하고 싶다.)

* 팝송 에세이

사람들은 만남을 통해 또 다른 세계를 만들어간다. 자기만의 세계가 아닌 새로운 세계를 차근차근 만들어가는 것이다. 자신의 세계와 새롭게 만들어진 세계는 상승작용을 일으킬 수도 있지만 마찰을 일으킬 수도 있다. 마찰은 불가피하게 갈등을 불러일으키고 그 갈등이 제대로 해결되지 않으면 헤어지거나 불행한 결말을 맞이하기도 한다. 사람들은 행복한 만남을 통해 아름다운 이야기를 엮어나가길 바란다. 삶의 긍정적인 힘이자 활력소가 되는 것이 사랑일 것이다. 사랑 이야기만큼 다채로운 주제도 없을 것이다. 그만큼 흥미진진한 스토리가 생겨날 수밖에 없는 것이다. 그렇다면 사랑한다는 것은 어떤 것일까?

사랑한다는 것은 사랑의 진실을 찾기 전에 빠져드는 경향을 띈다. 사랑에 빠져들기 전에 사랑에 대한 오리엔테이션을 통해 사랑을 배우는 학교가 있다면 더 좋을 것 같은데 그게 그렇게 쉬운 일은 아닐 것이다. 현실적으로 사랑을 제일 먼저 그리고 사랑의 근본을 배우는 곳은 가정일 것이다. 가정에서 의식적으로나 무의식적으로 사랑을 배우게 되는 것이다. 가정에서 제대로 배우는 사랑 또는 가정에서 제대로 익히지 못한 사랑의 부재는 가정을 벗어나도 어쩌면 그 연장선이 될 확률이 높을 것이다. 학습은 오랜 기간에 걸쳐 이루어지고 배운 학습 내용이 각인되기 때문이다. 사랑 학습 또한 마찬가지일 것이다. 사랑의 꽃이 필 수 있는 방법은 어떻게 학습될까에 대해 시간을 내어 곰곰이 생각해 봐야 할 것이다. 사랑은 인간이 가진 가장 강렬한 열정 가운데 한 가지이기 때문이다.

사랑 학습을 했던, 하지 못했던 또는 충분하지 못하게 됐던 간에 어느 시기에 사랑을 하게 되는 것이다. 사랑한다는 것은 이 노래에서는 모든 것을 주는 것이다. 아니 주려는 마음에서 시작되어 모든 것을 기꺼이 주는 것이다. 사랑하는 이는 자신에게 하나도 남김이 없이 사랑하는 대상에게 모든 걸 주는 것이다. "가장 소중한 사랑을 유지하려고 / 내가 가진 모든 걸 당신에게 주어요"와 같이 모든 걸 주고 싶은 마음일 것이다. 사랑을 하는 것은 어떤 어려움이 다가올지라도 기꺼이 그 어려움과 맞서서 헤쳐 나가고자 하는 것이다. 자신의 편안함이나 안락이나 이익 보다 사랑하는 이를 위해 몸을 내맡길 것이다. 때로는 자기가 사랑하는 대상을 비난하거나 좋지 않은 말을 하면 친구와도 등을 돌리는 경우도 일어날 것이다. 그만큼 사랑한다는 것은 사랑하는 사람을 위해 모든 걸 주고 사랑하는 사람 위주로 생각하고 행동할 수 있다는 것이다. 그러나 모든 걸 주고 싶은 마음은 있더라도 다 줄 수 없는 것이 사랑일 것이다. 주고 싶은 마음에서 근본은 사랑하는 사람을 온전한 인격체로 바라보면서 자신의 부족함에도 불구하고 자신의 능력껏 무엇이나 주려고 할 것이다. 무엇이든 주려는 마음은 사랑의 출발점이 되기에 사랑의 꽃을 피워나가기 위해 사랑 여행을 떠날 수 있기 때문이다.

★ 덧붙이는 글 ★

네 번째 연 She can bring him such a misery에서 대부분 such misery로 되어 있는데, 의미상으로 보면 such a misery가 맞다.

I Want To Know What Love Is

Sung by Foreigner

I gotta take a little time
A little time to think things over
I better read between the lines
In case I need it when I'm older
Aaaah woah-oh-ooh
Now this mountain I must climb
Feels like the world upon my shoulders
Through the clouds I see love shine
It keeps me warm as life grows colder

In my life there's been heartache and pain
I don't know if I can face it again
Can't stop now, I've traveled so far,
To change this lonely life

I wanna know what love is
I want you to show me
I wanna feel what love is
I know you can show me
Aaaah woah-oh-ooh

I'm gonna take a little time
A little time to look around me
I've got nowhere left to hide
It looks like love has finally found me
In my life there's been heartache and pain
I don't know if I can face it again
Can't stop now, I've traveled so far,
To change this lonely life

I wanna know what love is
I want you to show me
I wanna feel what love is
I know you can show me
I wanna know what love is
I want you to show me
(And I want to feel)
I wanna feel what love is
(And I know)
I know you can show me

Let's talk about love
(I wanna know what love is)
The love that you feel inside
(I want you to show me)
I'm feeling so much love
(I wanna feel what love is)
No, you just can't hide,
(I know you can show me)
Yeah, woah-oh-ooh
I wanna know what love is
(Let's talk about love)
I know you can show me
(I want you to show me)
I wanna feel it too
(I wanna feel what love is)
I wanna feel it too
And I know, and I know
Show me what is real, woah
(Woah), yeah I know
(I wanna know what love is)
Hey, I wanna know what love is
(I want you to show me)
I wanna know, I wanna know, wanna know

난 사랑이 뭔지 알고 싶어요

호리너의 노래

난 좀 더 시간이 걸려야 해요
상황을 곰곰이 생각해 볼 약간의 시간
내가 속뜻을 파악하는 게 좋을 것 같아요
내가 더 늙어서 그걸 필요로 할 지 모르니까
아 아 아 아
지금 내가 올라야 할 이 산은
내 어깨를 짓누르는 세상인 것 같아요
난 구름 사이로 사랑이 빛나는 게 보여요
삶이 더 차가워졌을 동안에도 사랑은 날 따뜻하게 해주어요

내 삶엔 가슴 앓이와 아픔이 있었죠
내가 다시 받아들일 수 있을지 없을지 모르겠어요
이제 멈출 수 없어요. 난 너무 멀리 떠나왔으니까
이 외로운 삶을 바꾸기 위해서요

난 사랑이 뭔지 알고 싶어요
난 당신이 나에게 보여주길 원해요
난 사랑이 뭔지 느끼고 싶어요
당신이 나에게 보여줄 수 있다는 걸 난 알아요
아 아 아 아

난 좀 더 시간이 걸릴 거예요
내 주변을 둘러볼 약간의 시간
난 숨을 곳이 없어요
사랑이 마침내 날 찾아낸 것 같아요
내 삶엔 가슴 앓이와 아픔이 있었죠
내가 다시 받아들일 수 있을지 없을지 모르겠어요
이제 멈출 수 없어요. 난 너무 멀리 떠나왔으니까
이 외로운 삶을 바꾸기 위해서요

난 사랑이 뭔지 알고 싶어요
난 당신이 나에게 보여주길 원해요
난 사랑이 뭔지 느끼고 싶어요
당신이 나에게 보여줄 수 있다는 걸 난 알아요
(그리고 난 느끼고 싶어요)
난 사랑이 뭔지 느끼고 싶어요
(그리고 난 알아요)

당신이 나에게 보여줄 수 있다는 걸 난 알아요
사랑에 대해 이야기합시다
(난 사랑이 뭔지 알고 싶어요)
당신이 내면에서 느끼는 그 사랑
(난 당신이 나에게 보여주길 원해요)
난 상당히 많은 사랑을 느끼고 있어요
(난 사랑이 뭔지 알고 싶어요)
아뇨, 당신은 그저 감출 수 없어요
(당신이 나에게 보여줄 수 있다는 걸 난 알아요)
그래요, 아 아 아
난 사랑이 뭔지 알고 싶어요
(사랑에 대해 이야기합시다)
당신이 나에게 보여줄 수 있다는 걸 난 알아요
(난 당신이 나에게 보여주길 원해요)
난 그것 또한 느끼고 싶어요
(난 사랑이 뭔지 느끼고 싶어요)
난 그것 또한 느끼고 싶어요
그리고 난 알아요, 그리고 난 알아요
나에게 진실이 뭔지 보여주세요, 아
(아), 그래요 난 알아요
(난 사랑이 뭔지 알고 싶어요)
여보세요, 난 사랑이 뭔지 알고 싶어요
(난 당신이 나에게 보여주길 원해요)
난 알고 싶어요, 난 알고 싶어요, 난 알고 싶어요

* 영어 발음 제대로 듣거나 말하기

1) 이어지는 소리(연음)의 경우

(1) 약모음 이동

ta**ke a**, loo**k a**round, i**t a**gain, tal**k a**bout

ta**ke a**에서 a가 약모음 [ə]가 되어 앞 낱말 끝부분에 가서 붙어 '테이커 룩'으로 발음된다. loo**k a**round에서 around의 a가 약모음 [ə]가 되어 앞 낱말 끝부분에 가서 붙어 '루커 라운드'로 발음된다. i**t a**gain에서 again의 a가 약모음 [ə]가 되어 앞 낱말 끝부분에 가서 붙어 '이러 겐'또는 '이러 게인'에 가깝게 발음된다. again은 미국영어)(American English)와 영국영어(British English)에서 발음이 다르다. 이것은 미국영어에서는 어겐[əgen]으로 발음되고, 영국영어에서는 어게인[əgein]으로 발음된다. tal**k a**bout에서 about의 a가 약모음 [ə]가 되어 앞 낱말 끝부분에 가서 붙어 '토커 바웃'으로 발음된다.

(2) 자음 이동

nee**d i**t, whe**n I**'m, if I, lo**ve i**s, fa**ce i**t, fee**l i**t,

nee**d i**t에서 need의 자음 d가 뒤에 있는 낱말 앞부분에 가서 붙어 '니 딧'으로 발음된다. whe**n I**'m에서 when의 자음 n이 뒤에 있는 낱말 앞부분에 가서 붙어 '웨나임'으로 발음된다. lo**ve i**s에서 love의 자음 v가 뒤에 있는 낱말 앞부분에 가서 붙어 '러 비즈'로 발음된다. love의 끝에 있는 모음 e는 약하게 발음되어 무시해도 될 정도이다. fa**ce i**t에서 face의 자음 c가 뒤에 있는 낱말 앞부분에 가서 붙어 '훼이 싯'에 가깝게 발음된다. feel it도 마찬가지 경우이다.

2) 없어지는 소리(탈락)의 경우

go**t**ta, li**tt**le, thin**k** things, mus**t** climb, don'**t** know, Can'**t** stop, lef**t** to, fina**ll**y, foun**d** me, jus**t** can't gotta에서 tt는 같은 철자가 겹쳐서 나오기 때문에 앞의 t가 탈락된다. little, left to 와 finally도 마찬가지 경우이다.

think things에서 think의 k는 자음 n과 things의 자음 t 사이에 놓이기 때문에 탈락되어 '싱 싱즈'에 가깝게 발음된다. 이와 같이 자음과 자음 사이에 놓이는 여섯 개의 파열음인 철자—k/g, p/b, t/d—사이에 놓여 탈락되는 예로 must climb, don't know, Can't stop, found me와 just can't가 해당된다.

3) 닮는 소리(동화)의 경우

gotta, little, better, what is, want you

gotta에서 t(t)가 강모음과 약모음 사이에 놓이면 단타음(單打音)으로 되어 t도, d도, r도 아닌 발음이 된다. gotta는 '가러'에 가깝게 발음된다. 이 소리는 한글로 정확하게 표기할 수 없으며 오직 소리로만 익힐 수밖에 없다. 특히 미국영어(American English)에서 두드러진 현상이다. little, better와 what is도 마찬가지 경우이다.

want you에서 want의 t[t]와 you의 y[j]가 합쳐져 서로 닮아서 [tʃ]로 바뀌어 '완츄'에 가깝게 발음된다. 따라서 이런 현상은 영국영어(British English) 보다 미국영어(American English)에서 자주 나타나는 현상이다.

4) 줄어진 소리(축약)의 경우

I'm, there's, don't, Can't, I've, Let's

be 동사의 경우인 I'm, there's와 Let's, 부정형인 don't와 Can't, have 동사의 경우인 I've가 있다.

5) 주의해야 할 발음

when, can, Can't, wanna, gonna

when에서 wh~로 시작되는 낱말은 'w'뒤에 있는 'h'의 소리가 보통 들리지 않는다. 그러니까 when은 '휀'이라기 보다 '웬'에 가깝게 발음된다. 그러나 사람과 관련된

who, whose, whom은 예외로 'h'의 소리가 그대로 난다.

can과 **can't**는 도우미동사로 기능낱말이기 때문에 약하게 발음한다. 그런데 can't 다음에 자음이 나오기 때문에 탈락되는 경우가 대부분이어서 can은 [kən]으로 can't는 [kæn]으로 발음하기로 약속이 되어 있다. 그런데 can이 문장 가운데 들어가는 경우가 [kən]으로 주로 발음되고 문장의 끝에 들어가는 경우에는 [kæn]으로 발음되는 경우가 대부분이다. can't는 기본적으로 [kæn]으로 발음되면서 can 보다 약간 길게 발음되는 경향이 있다.

wanna는 허물없이 발음하는 경우의 예이다. wanna는 want to인데 입말체에서 '완터 투'로 발음하지 않고 '와너'로 발음하고, want to로 표기가 되어 있더라고 말을 할 때는 wanna로 발음하는 경우가 대부분이다. want to에서 wanna로 바뀌는 과정은 '팝송 영어 소리를 제대로 듣는 요령'에 나와 있는 설명을 참고하기 바란다.

gonna는 허물없이 발음하는 경우의 예이다. gonna는 going to인데 입말체에서 '고잉 투'로 발음하지 않고 '가너'또는 '고너'로 발음하고, goingt to로 표기가 되어 있더라고 말을 할 때는 gonna로 발음하는 경우가 많다. going to에서 gonna로 바뀌는 과정은 '팝송영어 소리를 제대로 듣는 요령'에 나와 있는 설명을 참고하기 바란다.

* 팝송에 들어 있는 쓸모 있는 영어 표현들

1. I gotta take a little time: **gotta**는 have got to나 have got a를 글로 쓴 형태이다. 예문들은 다음과 같다. 여기서는 gotta는 have got to를 글로 쓴 형태이다.

He's **gotta** go.
(그는 가야 해.)

Gotta cigarette?
(담배 있수?)

Prices are high and our kids gotta eat.
(물가는 비싸고 우리 아이들은 먹어야 한다.)

have와 같은 뜻을 갖고 있는 have got은 영국 영어에서 현재형으로 된 긍정문, 부정문과 의문문에서 소유 등을 나타내기 위해 일상적으로 쓰이는 동사이다. 예문들은 다음과 같다. 일반적으로 낱말의 길이에 있어서 영국 영어의 낱말 길이가 길고, 미국영어의 낱말 길이가 짧은데, 이 경우에는 영국 영어 낱말의 길이가 길다.

We **haven**'t **got** a television.
(우리는 텔레비전이 없다.)

Have you got a meeting today?
(오늘 회의 있으세요?)

They've got a wonderful house.
(그들은 아주 멋진 집을 가지고 있다.)

take a little time에서 **take time**은 1) '시간이 걸리다', 2) '천천히 하다'와 3) '짬을 내다'라는 뜻으로 쓰인다. 이 노래에서는 1)의 뜻으로 쓰이고 있다. 예문들은 다음과 같다.

Legislation will be difficult and will **take time**.
(법률 제정은 힘이 들고 시간이 걸린다.)

We will restore her to health, but it may take time.
(우리가 그녀의 건강을 회복시킬 것이나 시간이 조금 걸릴 수도 있다.)

It can take time and effort to match buyers and sellers.
(매도자와 매수자를 서로 연결시키는 데는 시간과 노력이 들 수 있다.)

2. A little time to think things over: **think over**는 '(특히 결정을 내리기 전에) ~을 심사숙고하다, 곰곰이 생각하다, 신중히 생각하다, …을[를] 잘 생각하다'라는 뜻으로 쓰인다. 예문들은 다음과 같다.

I'd like to **think** it **over**.
(제가 (그것에 대해) 생각해 보겠습니다.)

You need space to think everything over.
(너는 모든 것을 잘 생각해 볼 수 있는 여유가 필요하다.)

She said she needs time to think it over.
(그녀는 그것에 대해 심사숙고할 시간이 필요하다고 말했다.)

things는 '(어떤 사람에게 영향을 미치는) 상황[사정/형편]'이란 뜻으로 쓰인다. 예문들은 다음과 같다.

Hi, Jane! How are **things**?
(안녕하세요, 제인! 요즘 (형편이) 어떠세요?)

Think things over before you decide.
(결정을 하기 전에 상황을 잘 따져 보아라.)

Things haven't gone entirely to plan.
(상황이 전적으로 계획대로 되지는 않았다.)

3. I better read between the lines: better는 had better가 기본 표현인데 had가 빠져 있다. **had better**는 '(~하는 것이) 좋을 것이다(꼭 그래야 함을 뜻함)'이란 뜻으로 쓰인다. had better는 주로 충고를 하는 경우에 많이 쓰인다. 예문들은 다음과 같다.

You **had better** travel to Nova Scotia tomorrow.
(내일 노바스코샤로 가 보는 편이 좋을 것 같아요.)

It's half past two. I think we had better go home.
(이제 두 시 반이다. 집에 가는 것이 좋을 것 같다.)

You had better take the subway to the railway station.
(기차역으로 가려면 지하철을 타는 게 좋아요.)

read between the lines는 '행간[속뜻]을 읽다, 언외의 뜻을 알아내다'라는 뜻으로 쓰인다. 예문들은 다음과 같다.

At last he **read between the lines** in her letter.
(마침내 그는 그녀의 편지에서 언외의 숨은 뜻을 알아냈다.)

I think you are just failing to read between the lines.
(행간을 읽지 못하셨던 것 같아요.)

Reading between the lines, I think Clare needs money.
(행간을 읽어 보면, 클레어가 돈이 필요한 모양이다.)

4. In case I need it when I'm older: **in case**는 '(혹시라도) (…할) 경우에 대비해서'라는 뜻으로 쓰인다.

I'll stay around **in case** you need me.
(네가 날 필요로 할지도 모르니까 난 안 가고 있을게.)

In case you should need any help, here's my number.
((당신이) 무슨 도움이 필요하시면, 이거 제 전화번호예요.)

She's nervous about something, in case you didn't notice.
(네가 눈치 채지 못한 것 같은데, 그 여자 뭔가 걱정이 있어.)

5. Through the clouds I see love shine: **see love shine**에서 감각동사 see 다음에 목적어(love)가 나오고 그 뒤에는 to 부정사(to shine)가 아닌 알몸동사(원형동사; shine)가 나온다.

6. I don't know if I can face it again: face는 명사로 '얼굴, 표면, 모습'등의 명사로 보통 쓰인다. 그런데 여기서 **face**는 동사로 쓰이고 있다. 동사로서의 face는 1) '…을 [를] 마주보다[향하다]', 2) '(상황에[이]) 직면하다[닥쳐오다]', 3) '(힘든 사실을) 직시하다[받아들이다]'와 4) '(can't face의 형태로) …할 수가 없다[하고 싶지 않다]'라는 뜻으로 쓰인다. 이 노래에서는 3)의 뜻으로 쓰이고 있다.

1)의 예문들은 다음과 같다.

Which direction are you **facing**?
(당신은 어느 방향을 보고 있어요?)

Most of the rooms face the sea.
(방들은 대부분이 바다를 향하고 있다.)

Stand with your feet apart and your hands facing upwards.
(두 발을 벌리고 서서 손바닥은 위로 향하게 하라.)

2)의 예문들은 다음과 같다.

Most businesses **face** plenty of competition.
(대부분의 사업체가 많은 경쟁에 부딪친다.)

One of those arrested could face the death penalty.
(체포된 자 가운데 하나는 사형 선고를 받을 수도 있다.)

They face a myriad of problems bringing up children.
(그들은 아이를 키우면서 무수한 문제에 직면한다.)

3)의 예문들은 다음과 같다.

It's not always easy to **face** the truth.
(진실을 받아들이는 것이 항상 쉬운 일은 아니다.)

It's about time you learnt to face (the) facts.
(당신은 사실을 받아들이는 법을 배워야겠군요.)

She has to face the fact that her life had changed forever.
(그녀는 자기 삶이 영원히 바뀌어 버렸다는 것을 인정해야 했다.)

4)의 예문들은 다음과 같다.

I can't **face** seeing them.
(난 그들을 만나고 싶지 않아.)

I just can't face work today.
(내가 오늘은 그저 일을 할 수가 없어.)

I can't face the upheaval of moving house again.
(난 다시 이사를 하는 격변에 직면할 수가 없다.)

7. It looks like love has finally found me: **look like**는 1) '…할 것 같다'와 2) '…인것처럼 보이다'라는 뜻으로 쓰인다. 이 노래에서는 1)의 뜻으로 쓰인다.

1)의 예문들은 다음과 같다.

It doesn't **look like** we'll be moving after all.
(마치 우리가 결코 이사를 가지 않을 것 같다.)

What is education going to look like tomorrow?
(장래의 교육은 어떤 모습일까?)

What do you think the world would look like in 2020?)
(넌 이천이십 년에 세상이 어떤 모습일 거라고 생각해?)

2)의 예문들은 다음과 같다.

It is smoothly contoured to **look like** a racing car.

(그것은 윤곽이 경주용 자동차처럼 매끈하게 디자인되어 있다.)

Those marks above the window look like damp to me.

(저기 창문 위에 있는 자국들이 내가 보기엔 얼룩 같아.)

You don't want your living space to look like a bedroom.

(당신은 당신의 생활공간이 침실처럼 보이는 것은 원하지 않는다.)

기억할 만한 영어 문장

1. I wanna know what love is.

(난 사랑이 뭔지 알고 싶어요.)

2. Through the clouds I see love shine.

(난 구름 사이로 사랑이 빛나는 게 보여요.)

3. Love keeps me warm as life grows colder.

(삶이 더 차가워졌을 동안에도 사랑은 날 따뜻하게 해주어요.)

* 팝송 에세이

사랑이 무엇인지 알고 싶은 것이 인간의 기본 심성일 것이다. 사랑은 다른 사람에 대한 부드러운 애정 또는 뜨거운 애착이라고 이야기하는 사람도 있을 것이다. 그렇지만 사랑은 정말 경이롭고 우리의 삶에 있어서 필수적이라는 점에 대해 공감을 불러일으키지만 정작 사랑이 무엇인지를 명확하게 안다는 것은 불가능할지도 모른다. 사랑은 거대한 불가사의한 그 무엇이라고 할 수 있기 때문이다. 그러나 사람들이 거대한 불가사의를 찾기 위해 나름대로 노력을 하는 것은 분명하다. 사랑을 찾아 나서기 위해서 사람은 어떤 의도와 행동을 필요로 한다. 의도는 의지라고 말해도 될 것이다. 사랑은 사랑하고자 하는 의지를 갖고 있어야 사랑을 행동으로 옮길 수 있는 가능성이 열리는 것이다. 사람은 사랑을 통해 다양한 목적을 이루고자 하겠지만 교과서식으로 말하면 사랑은 자기 자신과 다른 사람과의 영적인 성장을 위해 대상을 선택하는 것이라 할 수 있다. 여기서 영적인 성장은 사랑을 통해 자아를 확장시킬 수 있는 기회가 됨과 동시에 더 넓은 자아를 만들어갈 수 있는 계기가 마련된다.

사랑이 무엇인지 알고 싶은 마음을 간절하게 표현한 이 노래는 이제껏 사랑에 대해 생각해 본 적이 없었지만 혼자 감내해야 하는 외로움을 달래줄 수 있는 사람을 만났기에 진짜 사랑이란 무엇인가를 바로 알려주기를 바라는 것이다. 사랑이 무엇인지 알고 싶고 느껴 보고 싶다고 말한다. 살아오면서 세상의 짐이 무겁게 느껴지기도 했고, 마음의 고통과 상처를 수없이 겪기도 했지만, 외롭게 살아 온 삶을 바꾸어 보기 위해 사랑이 무엇인지 알고 싶고 보여주길 바라고 있다. 사랑이 자신이 살아 온 어려움을 극복하고 새로운 삶을 살 수 있는 계기가 마련될 수 있도록 사랑하는 사람에게 요구하는 것이다. "사랑이 마침내 날 찾아낸 것 같아요"라는 점에서 사랑이 자신의 정체성을 확인하고 미처 제대로 파악되지 못한 자신을 되돌아 볼 수 있는 기회가 될 수 있다는 가능성에 대한 기대를 하고 있는 것이다.

사랑에 대해 알고 느끼고 싶은 마음은 모든 사람들이 갖고 있는 공통의 심정이라고 할 수 있다. 그렇다고 상대방으로 하여금 보여주길 바라게 되면 쉽게 심리적 충족을 가져오지 못할 수도 있을 것이다. 사랑의 중요한 요소인 애정에서 사랑은 시작되지만 사랑을 위해서 애정, 관심, 보살핌, 배려, 존중심, 책임감, 신뢰와 헌신을 요구하기 때문에 진정한 사랑은 상대방으로부터 그 무엇을 요구하거나 해주길 바라는 것이 아니다. 사랑은 감정과 정서를 상대방에게 쏟아붓긴 하지만 자신을 상대방에게 전인격적으로 투여하는 행위이자 태도이기 때문이다.

The Rose

Sung by Bette Midler

Some say love it is a river
That drowns the tender reed
Some say love it is a razor
That leaves your soul to bleed
Some say love it is a hunger
An endless aching need
I say love it is a flower
And you its only seed

It's the heart afraid of breaking
That never learns to dance
It's the dream afraid of waking
That never takes the chance
It's the one who won't be taken
Who cannot seem to give
And the soul afraid of dyin'
That never learns to live

When the night has been too lonely
And the road has been too long
And you think that love is only
For the lucky and the strong
Just remember in the winter
Far beneath the bitter snows
Lies the seed that with the sun's love
In the spring becomes the rose

장미

베터 미들러의 노래

누군가가 사랑을 말합니다 사랑은 부드러운 갈대를 삼켜버리는 강물이라고
누군가가 사랑을 말합니다 사랑은 당신의 영혼에 상처를 남기는 면도날이라고
누군가가 사랑을 말합니다 사랑은 배고픔이라고, 그리고 끊임없이 못 견디는 욕구라고
나는 사랑을 말합니다 사랑은 한송이 꽃이고, 당신은 그 꽃의 씨앗이라고

사랑은 마음이 상할까봐 두려워 결코 춤추는 것을 배우지 않는 거라고
사랑은 꿈을 깰까봐 결코 모험을 하지 않는 거라고
사랑은 받아들이지 못해 줄 수 없을 것 같은 사람이라고
사랑은 죽을까봐 두려워 결코 사는 것을 배우지 않는 사람이라고

그 밤이 너무 길고
그리고 그 길이 너무 길기에
그리고 사랑은 단지 운이 좋은 사람들과 강인한 사람들만을 위한 것이라고 당신을 생각합니다.
겨울에 차디찬 눈 저 아래에 놓여 있는 씨앗이 사랑스런 태양으로 봄에 장미로 피어나는 것만 기억하세요

* 영어 발음 제대로 듣거나 말하기

1) 이어지는 소리(연음)의 경우

(1) 약모음 이동

is a, heart afraid, dream afraid, soul afraid

is a에서 a가 약모음 [ə]가 되어 앞 낱말 끝부분에 가서 붙어 '이저'로 발음된다.

heart afraid에서 afraid의 a가 약모음 [ə]가 되어 앞 낱말 끝부분에 가서 붙어 '하터 후레이드'에 가깝게 발음된다. dream afraid와 soul afraid도 마찬가지 경우이다.

(2) 자음 이동

afraid of

afraid of에서 afraid의 자음 d가 뒤에 있는 낱말 앞부분에 가서 붙어 '어훠레이더브'에 가깝게 발음된다.

2) 없어지는 소리(탈락)의 경우

reed, bleed, endless, need, won't be, And the, Just remember, seed, with the

reed에서 ee는 같은 철자가 겹쳐서 나오기 때문에 앞의 e는 탈락된다. bleed, need와 seed도 마찬가지 경우이다.

endless에서 d는 자음 n과 자음 l 사이에 놓이기 때문에 탈락되어 '엔리스'로 발음된다. 이와 같이 자음과 자음 사이에 놓이는 여섯 개의 파열음인 철자—k/g, p/b, t/d— 사이에 놓여 탈락되는 예로 won't be와 Just remember가 해당된다.

And the에서 And의 d는 the의 th- 발음 [ð]와 발음이 비슷하기 때문에 앞의 d가 탈락되어 '앤 더'로 발음된다.

with the에서 with의 th와 the의 th가 겹쳐서 나오기 때문에 '위 더'에 가깝게 발음된다.

3) 닮는 소리(동화)의 경우

hear**t** afraid, bi**tt**er

hear**t** afraid에서 t(t)가 강모음과 약모음 사이에 놓이면 단타음(單打音)으로 되어 t도, d도, r도 아닌 발음이 된다. heart afraid는 '하러후레이드'에 가깝게 발음된다. 이 소리는 한글로 정확하게 표기할 수 없으며 오직 소리로만 익힐 수밖에 없다. 특히 미국영어(American English)에서 두드러진 현상이다. bi**tt**er도 마찬가지 경우이다.

4) 줄어진 소리(축약)의 경우

It**'s**, won**'t**, sun**'s**

be 동사의 경우인 It**'s**와 sun**'**와 부정형인 wo**n't**가 있다.

5) 주의해야 할 발음

drowns, **dr**eam, **Wh**en, **beneath**

drowns와 **dr**eam에서 'dr~'의 발음은 '드_'와 '주'의 중간쯤 되는 소리로 '쥬'에 가깝게 발음된다. drowns는 '드라운즈'라기 보다 '쥬라운즈'에 가깝게, dream은 '드림'이라 기 보다 '쥬림'에 가깝게 발음된다.

When에서 wh~로 시작되는 낱말은 'w'뒤에 있는 'h'의 소리가 보통 들리지 않는다. 그러니까 When은 '휀'이라기 보다 '웬'에 가깝게 발음된다. 그러나 사람과 관련된 who, whose, whom은 예외로 'h'의 소리가 그대로 난다.

beneath를 베트 미들러는 [bəni:]로 웨스트라이프는 [bini:]로 발음한다. 이것은 한 개의 낱말에서 강세를 한 번만 받기 때문에 베트 미들러처럼 강세를 받지 않는 모음을 약모음[ə]으로 소리낸다. 그렇지만 웨스트라이프처럼 발음하는 경우도 많다. 둘 다 발음은 가능하다. 우리나라 사람들에게 익숙한 발음은 웨스트라이프와 같이 발음하는 경우이다. 이런 경우에 해당되는 낱말은 beneath 이외에 before, below와 behind 등이 있다.

* 팝송에 들어 있는 쓸모 있는 영어 표현들

1. an aching need: **ache**는 동사로 1) '(계속 무지근히) 아프다'와 2) '(~하고 싶어) 못 견디다'(=be eager to(for))라는 뜻으로 쓰인다. **aching**은 형용사로 3) '쑤시는, 아리는; 마음 아픈'과 4) '(~하고 싶어) 못 견디는'이란 뜻이 입말체로 쓰인다. 이 노래에서는 3)의 뜻으로 쓰이고 있다. 그러니까 몹시 욕구를 느끼지만 충족되지 않는 배고픔에 비유하고 있다고 볼 수 있다. 예문들은 다음과 같다.

1)의 예문들의 경우

I am now **aching** all over.
(나는 지금 온몸이 쑤셔요.)

My belly is aching so much.
(내 배가 너무 아파.)

2)의 예문들의 경우

He **ached** to see her.
(그는 그녀가 못 견디게 보고 싶었다.)

I was aching for home.
(나는 집에 가고 싶어 못 견딜 지경이었다.)

He ached to be home with his loved ones.
(그는 사랑하는 사람들이 있는 집에 가고 싶어 못 견딜 정도였다.)

3)의 예문들의 경우

She felt him knead the **aching** muscles.
(그녀는 그가 아픈 근육을 주무르고 있는 것을 느꼈다.)

She lay her back to rest her aching limbs.
(그녀는 쑤시는 팔다리를 쉬게 하려고 등을 대고 드러누웠다.)

He massaged the aching muscles in her feet.
(그는 그녀 발의 아픈 근육에 마사지를 해 주었다.)

4)의 예문의 경우

There was an **aching** emptiness in her heart.
(그녀는 가슴이 저리도록 공허했다.)

2. It's the heart afraid of breaking: break one's heart는 '누구를[을] 비탄에 잠기게 하다[잠기다]. 실연시키다, 몹시 실망시키다, 마음을 아프게 하다'라는 뜻으로 쓰인다. 예문들은 다음과 같다.

It **broke his heart** to see me so unhappy.
(그는 나의 불행에 가슴 아파했다.)

You broke my heart when you lied to me.
(넌 거짓말을 해서 내 마음을 아프게 했어.)

She was a very sweet girl but the world broke her heart.
(그녀는 매우 상냥한 소녀였지만 세상은 그녀의 마음을 아프게 했다.)

3. That never takes the chance: **take the/a chance**는 '운에 맡기고 해보다, (~을[를]) 운에 맡기다, 기회를 잡다, 기회를 포착하다, 한 번 해보다, 모험을 하다'라는 뜻으로 쓰인다.

I don't want to **take a chance**.
(나는 모험을 하고 싶지 않다.)

They will take the chance of supplying drugs.
(그들은 마약을 공급하는 모험을 할 것이다.)

Those who want to take a chance are free to do so.
(기회를 잡고 싶은 사람들은 행동하는 것이 자유롭다.)

4. For the lucky and the strong: the lucky와 the strong은 the+형용사로서 복수보통명사가 된다. 그러니까 **the lucky**는 lucky people로 '운이 좋은 사람들'이고, **the strong**은 strong people로서 '강인한 사람들'이란 뜻이다. 이런 예로서 자주 쓰이는 경우는 the young('젊은이들), the old('노인들'), the elderly('노인들'), the disabled('장애인들'), the rich('부자들')와 the poor('가난한 사람들, 빈민') 등이 있다. 예문들은 다음과 같다.

There are toilet facilities for **the disabled**.

(장애인들 전용 화장실이 있다.)

The old feel the cold more than **the young**.

노인들은 젊은이들보다 추위를 더 많이 탄다.)

The elderly are a formidable force in any election.

(어떠한 선거에서도 노인들 힘이 강력하다.)

There will always be a gap between **the rich** and **the poor**.

(가난한 사람들과 부유한 사람들 사이에는 언제나 차이가 존재할 것이다.)

기억할 만한 영어 문장

1. Some say love it is a river.
   (누군가가 사랑을 말합니다. 사랑은 강물이라고.)
2. Love is a razor that leaves your soul to bleed.
   (사랑은 당신의 영혼에 상처를 남기는 면도날입니다.)
3. You think that love is only for the lucky and the strong.
   (사랑은 단지 운이 좋은 사람들과 강인한 사람들만을 위한 것이라고 당신을 생각합니다.)

* 팝송 에세이

사랑은 한 송이 장미꽃이고 사랑하는 사람은 그 꽃을 피게 하는 씨앗이라고 말하며, 어떤 어려움이 있어도 그 사랑을 지켜야 한다고 노래한다. 누군가가 또는 어떤 사람은 사랑을 갈대, 면도날이나 욕구라고 말을 한다고 노래한다. 사랑은 부드러운 갈대를 삼켜버리고, 영혼에 상처를 남기는 면도날이고, 끊임없이 못 견디게 하는 욕구이자 배고픔이라고 말하는 것은 사랑의 고통이나 부정적인 측면을 이야기한다고 볼 수 있다. 이런 부정적인 측면이 있다는 점 또한 부정할 수 없다. 이런 점은 사랑이 느낌이나 감정에 치우치게 될 때 일어날 확률이 높을 것이다. 사랑은 행동으로 나타나기 때문에 상대방으로부터 그 무언가를 얻으려는 것 보다 상대방에 대한 책임이 따른다고 생각해야 된다. 사랑의 감정은 자연발생적으로 저절로 생겨나는 것이 아니라 사람이 사랑의 행위를 하는 데 따른 결과로 나타난다. 그렇기 때문에 상대방으로부터 무언가를 기대하지 않고 자신이 스스로 행동을 통해 애정과 보살핌을 먼저 보여주려고 해야 할 것이다.

사랑을 하는데 있어서 조심해야 할 것들에 대한 이야기가 고스란히 둘째 연에 나타나 있다. 마음이 상하지 않기 위해 춤을 배우지 않고, 꿈이 깨어질까봐 모험하지 않고, 받아들일지 그렇지 않을지 몰라서 주는 데도 주저되고, 죽음이 두려워 사는 것마저 조심스러운 예들은 사랑을 베푸는 데 있어서 상당히 조심스러운 면을 부각시킨다고 볼 수 있다.

마지막 연에서 긴 밤과 긴 길을 제시하는 것은 사랑의 실현이 쉽게 이루어지거나 짧은 시간에 이루어지는 것이 아니라 힘들고 어려운 과정을 거쳐야 사랑의 가치가 더 돋보인다는 점을 제시하고 있다. 사랑은 누구에게나 다가오는 것이 아니라 운이 좋은 사람들과 강인한 사람들에게 주어지는 선물이라고 보고 있다. 그렇다. 누구나 사랑할 수 있는 권리와 사랑받을 기회는 주어지지만 모두 이런 권리와 기회를 갖는 것은 아니다. 어쩌면 운이 살금살금 다가옴을 맞이한 사람들과 어떤 어려운 상황에서도 사랑을 기꺼이 받아들일 수 있는 강인한 사람들에게 주어진 선물이 사랑이 아닐까? "겨울에 차디찬 눈 저 아래에 놓여 있는 씨앗이 사랑스런 태양으로 봄에 장미로 피어나는 것만 기억하세요"라는 점에서 한 송이 장미꽃을 피우기까지의 과정이자 인고의 과정을 거쳐야 사랑이 꽃을 감상할 수 있다는 점을 부각시킨다. 아름다운 꽃과 향기를 지닌 장미가 그냥 주어지는 것이 아니라 차디찬 겨울의 힘든 과정, 사랑스런 태양으로 움이 트는 씨앗이 사 월경 봄에 장미로 피어나듯이 사랑 또한 비슷한 과정을 통해 이루어질 때 비로소 사랑의 의미는 소중한 가치를 갖고 그대로 보존될 수 있을 것이다. 사랑이란 솔직하고 열린 마음으로 사랑의 대상에 애정을 갖고 보살피면서 존중하는 가운데 책임을 질 수 있는 행동을 하면서 믿고 헌신할 수 있을 때 사랑이 완성되기에 한 송이 장미꽃을 피우는 과정에 견주어 생각해 볼 수 있는 것이다.

★ 덧붙이는 글 ★

영화 『장미』(*The Rose*) 주제곡이다.

첫째 연의 And you its only seed에서 its가 it's로 되어 있는 가사가 많은데 문맥상 it의 소유격인 its가 맞다. 그 이유는 내가 사랑을 한 송이 꽃이라고 말하고 사랑하는 대상인 당신은 **그 꽃의** 씨앗이기에 소유격이 된다.

(Everything I Do)

I Do It For You

Sung by Bryan Adams

Look into my eyes
You will see what you mean to me
Search your heart, search your soul
And when you find me there you'll search no more

Don't tell me it's not worth trying for
You can't tell me it's not worth dying for
You know it's true
Everything I do, I do it for you

Look into your heart
You will find there's nothing there to hide
Take me as I am
Take my life
I would give it all, I would sacrifice

Don't tell me it's not worth fighting for
I can't help it there's nothing I want more
You know it's true
Everything I do, I do it for you oh yeah...

There's no love like your love
And no other could give more love
There's nowhere unless you're there
All the time, all the way
Yeah

Look into your heart, baby

Oh, you can't tell me it's not worth trying for
I can't help it there's nothing I want more
Yeah, I would fight for you
I'd lie for you
Walk the wire for you
Yeah, I'd die for you
You know it's true
Everything I do, ohh, I do it for you

(제가 하는 모든 일)

난 그걸 당신을 위한 거에요.

브라이언 애덤스의 노래

제 두 눈을 보세요
당신이 제게 있어 어떤 의미인지 당신은 알 수 있을 거예요
당신의 마음을 살펴보아요, 당신의 영혼을 살펴보세요
그리고 그 안에 있는 저를 보았을 때
당신은 더 이상 찾지 않아도 될 거에요

노력할 만한 가치가 없다고 나에게 말하지 마세요
목숨을 버릴만한 일이 아니라고 당신은 나에게 말하지 마세요
당신은 그게 진실임을 알잖아요
제가 하는 모든 일, 난 그걸 당신을 위한 거예요

당신의 마음을 들여다보세요
그곳엔 숨길 것이 없다는 걸 당신은 알 수 있을 거예요
있는 그대로의 나를 받아주세요
제 삶을 받아주세요
제 모든 것을 당신께 드리겠어요, 저 기꺼이 희생하겠어요

싸울 만한 가치가 없다고 나에게 말하지 마세요
저도 어쩔 수가 없어요 전 더 이상 원하는 것이 없어요
당신은 그게 진실임을 알잖아요
제 모든 것을 당신께 드리겠어요, 저 기꺼이 희생하겠어요 오 그래요

당신의 사랑과 같은 사랑은 없어요
그리고 어떤 누구도 더 이상의 사랑을 줄 순 없어요
당신이 그곳에 없다면 어디에도 없어요
언제나, 언제까지나 그래요...

당신의 마음을 바라 보세요, 사랑하는 이여

아, 노력할 만한 가치가 없다고 당신이 나에 말하지 마세요
저도 어쩔 수가 없어요 전 더 이상 원하는 것이 없어요
그래요, 난 당신을 위해서 싸울 거예요
난 거짓말이라도 하겠어요
당신을 위해서 줄 위를 걸어갈 수도 있어요
그래요, 난 당신을 위해서 제 목숨이라도 기꺼이 바치겠어요
그게 진실임을 당신은 알잖아요
제가 하는 모든 일, 아, 난 그걸 당신을 위한 거예요

* 영어 발음 제대로 듣거나 말하기

1) 이어지는 소리(연음)의 경우

(1) 자음 이동

Look into, as I

Look into에서 Look의 자음 k가 뒤에 있는 낱말 앞부분에 가서 붙어 '루 킨터'로 발음된다. as I에서 as의 자음 s가 뒤에 있는 낱말 앞부분에 가서 붙어 '애 자이'로 발음된다.

2) 없어지는 소리(탈락)의 경우

find me, Don't tell, find there, would give, can't help, want more, could give

find me에서 find의 d는 자음 n과 me의 자음 m 사이에 놓이기 때문에 탈락되어 '화인 미'에 가깝게 발음된다. 이와 같이 자음과 자음 사이에 놓이는 여섯 개의 파열음인 철자—k/g, p/b, t/d—사이에 놓여 탈락되는 예로 would give, can't help, want more와 could give가 해당된다.

Don't tell에서 Don't의 t와 tell의 t가 겹쳐서 나타나기 때문에 앞의 t가 탈락되어 '돈 텔'으로 발음된다.

find there에서 find의 d와 there의 th- 발음 [ð]과 발음이 비슷하기 때문에 앞의 d는 탈락되어 '화인 데어'에 가깝게 발음된다.

3) 닮는 소리(동화)의 경우

what you

what you에서 what의 t[t]와 you의 y[j]가 합쳐져 서로 닮아서 [tʃ]로 바뀌어 '와츄'에 가깝게 발음된다. 따라서 이런 현상은 영국영어(British English) 보다 미국영어(American English)에서 자주 나타나는 현상이다.

4) 줄어진 소리(축약)의 경우

Do**n't**, it**'s**, there**'s**, I**'d**

부정형인 Do**n't**, be 동사의 경우인 it**'s**와 there**'s**, 도우미동사(조동사)의 경우인 I**'d**, 가 있다.

5) 주의해야 할 발음

when, **can't**

when에서 wh~로 시작되는 낱말은 'w'뒤에 있는 'h'의 소리가 보통 들리지 않는다. 그러니까 when은 '휀'이라기 보다 '웬'에 가깝게 발음된다. 그러나 사람과 관련된 who, whose, whom은 예외로 'h'의 소리가 그대로 난다.

can't는 can과 마찬가지로 기능낱말이기 때문에 약하게 발음한다. 그런데 can't 다음에 자음이 나오기 때문에 탈락되는 경우가 대부분이어서 can은 [kən]으로 can't는 [kæn]으로 발음하기로 약속이 되어 있다. 그런데 can이 문장 가운데 들어가는 경우가 [kən]으로 주로 발음되고 문장의 끝에 들어가는 경우에는 [kæn]으로 발음되는 경우가 대부분이다. can't는 기본적으로 [kæn]으로 발음되면서 can 보다 약간 길게 발음되는 경향이 있다.

* 팝송에 들어 있는 쓸모 있는 영어 표현들

1. You will see what you mean to me: **mean**은 '~에게 …의 의미[가치]가 있다'라는 뜻으로 쓰인다. 이 경우는 mean이 '중요하다'는 뜻을 갖고 있다.

2. it's not worth trying for: be worth 동명사는 '할 가치가 있다[~해 볼 만하다], ~의/~할 만한 가치가 있다'라는 뜻으로 쓰인다.

   This idea **is** well **worth considering**.
   (이 생각은 충분히 고려할 가치가 있다.)

It is always worth trying something new.
(항상 새로운 어떤 것을 시도할 가치가 있다.)

It's worth making an appointment before you go.
(가기 전에 약속[예약]을 하는 게 좋다.)

3. I can't help it: **can't help it**는 '어쩔 수가 없다'라는 뜻으로 쓰인다. 예문들은 다음과 같다.

Oh well, **I can't help it**.
(그래, 어쩔 수 없군.)

I can't help it, it's what I do.
(어쩔 수 없지, 내가 할 일인데.)

I am for people. I can't help it.
(나는 대중의 편이다. 어쩔 수 없다.)

4. All the time, all the way: **all the time**은 1) '항상, 내내[줄곧], 항상, 언제나, 늘, 계속'과 2) '아주 자주'라는 뜻으로 쓰인다. 이 노래에서는 1)의 뜻으로 쓰이고 있다.

1)의 예문들은 다음과 같다.

We can't be together **all the time**.
(항상 같이 있을 수는 없잖아.)

The letter was in my pocket all the time.
(그 편지는 내내 내 호주머니에 들어 있었다.)

My sister and I used to quarrel all the time.
(옛날에 우리 언니[여동생]와 나는 항상 다퉜다.)

2)의 예문들은 다음과 같다.

It happens **all the time** here.
(여기서는 아주 자주 일어나는 일입니다.)

She leaves the lights on all the time.
(그녀는 아주 자주 불을 그냥 켜 둔다.)

She, who looked like Mag's snatch, fell down all the time.

(칠칠맞지 못한 그녀가 자꾸 넘어졌다.)

5. **all the way**는 1) '내내[시종], 언제까지나, 처음부터 끝까지, 도중에 내내, 줄곧'과 2) '완전히; 온 힘을 다해'라는 뜻으로 쓰인다. 이 노래에서는 1)의 뜻으로 쓰이고 있다.

1)의 예문들은 다음과 같다.

"I'm with you **all the way**."-"Thank you."

("저는 언제까지나 당신 편입니다.""고맙습니다.")

We drove all the way with the hood down.

(우리는 내내 자동차 덮개를 내리고 달렸다.)

She didn't speak a word to me all the way back home.

(그녀는 집으로 돌아오는 내내 나에게 한 마디 말도 하지 않았다.)

2)의 예문들은 다음과 같다.

I'm fighting him **all the way**.

(나는 그와 온 힘을 다해 싸우고 있다.

Stir the pork until it turns white all the way through.

(돼지고기를 모든 면이 완전히 하얗게 될 때까지 이리저리 뒤적여라.)

You can feel that the audience is with her all the way.

(청중[관중]이 그녀와 완전히 함께 하고[일체가 되고] 있다는 것을 느낄 수 있다.)

6. Walk the wire for you: **walk the wire**는 '줄타기를 하다'라는 뜻으로 쓰인다.

기억할 만한 영어 문장

1. I can't help it.s

   (저도 어쩔 수가 없어요.)

2. You will see what you mean to me.

   (당신이 제게 있어 어떤 의미인지 당신은 알 수 있을 거예요.)

3. Don't tell me it's not worth fighting for.

   (싸울 만한 가치가 없다고 나에게 말하지 마세요.)

* 팝송 에세이

이 노래는 너무 강렬한 사랑을 이야기한다. 너무 강렬하기 때문에 다소 과장된 표현이 많이 나온다. 사랑하는 사람을 위해 모든 것을 다하고 모두를 주겠다고 말한다. 있는 그대로의 내 모습을 받아주길 바라고 내 삶을 받아주길 바란다고 간절히 애원한다. 사랑하는 사람을 위해서라면 거짓말도 하고, 싸움에도 나가고, 심지어 목숨까지 바치겠다고 말한다. 사랑하는 사람이 이런 사실을 알 것이라는 믿음을 갖고서.

"제 모든 것을 당신께 드리겠어요. 저 기꺼이 희생하겠어요"라며 모든 걸 희생할 각오가 되어 있을 때, 모든 걸 줄 마음이 갖추어졌을 때, "당신을 위해서 줄 위를 걸어갈 수도 있어요"라며 사랑하는 이를 위해 어떤 위험도 감수할 수 있을 때 진정 사랑한다고 말할 수 있을까? 이런 마음을 갖고 있고 각오를 하고 있는 자신을 있는 그대로 받아달라고 요청하는 것은 사랑하는 사람에 대한 극진한 마음을 드러내는 것이다. 더 이상 원하는 것도 없고 오직 당신을 사랑하는 마음만을 받아달라는 것이다. 사랑은 받는 것이 아니라 주는 것이라는 점에서 보면 주려는 마음을 사랑의 실천 방식이 될 것이다.

어쩐지 간절한 외침이 전해지지 않는 것 같은 안타까움이 들지만 그래도 모든 관심이 사랑하는 이에게 집중되어 있다는 것은 사랑하는 사람의 또 다른 아름다운 모습일 것이다. 우리가 사람이든 일이든 온 힘을 다해 집중하기가 쉽지 않음을 생각해 볼 때 이런 모습은 달리 보이게 마련이다. 아무나 할 수 있는 일이 아니기 때문이다. 더 이상 사랑하는 사람에 대한 욕구나 욕망을 드러내지 않고, 사랑하는 사람에게 더 이상의 지나친 요구도 하지 않는다는 점은 보상을 바라지 않는 순수한 사랑의 표현일 것이다.

★ 덧붙이는 글 ★

이 노래는 1991년에 상연된 영화『로빈 훗』(*Robin Hood*)의 주제곡이다.

애담스는 캐나다 출신의 가수인데, 락(Rock)의 대명사라고 할 수 있는데, 거친 음색에 절규하는 듯한 고음이 더해져 진한 매력을 풍기는 가수이다.

The Power Of Love

Sung by Huey Lewis & The News

The power of love is a curious thing
Make a one man weep, make another man sing
Change a hawk to a little white dove
More than a feeling that's the power of love

Tougher than diamonds, whips like cream
Stronger and harder than a bad girl's dream
Make a bad one good, make a wrong one right
Power of love that keeps you home at night

It don't need money, don't take fame
Don't need no credit card to ride this train
It's strong and it's sudden and it's cruel sometimes
But it might just save your life
That's the power of love, that's the power of love

First time you feed it, it might make you sad
Next time you feed it, it might make you mad
But you'll be glad, baby when you've found
That's the power makes the world go round

And it don't need money, don't take fame
Don't need no credit card to ride this train
It's strong and it's sudden and it's cruel sometimes
But it might just save your life

They say that all in love is fair
Yeah but you don't care
But you know what to do
When it gets hold of you

And with a little help from above
You feel the power of love
You feel the power of love, can you feel it? Mmm Mmm

It don't take money, don't take fame
Don't need no credit card to ride this train
Tougher than diamonds and stronger than steel
You won't feel nothin'till you feel

You feel the power, just feel the power of love
That's the power and that's the power of love
You feel the power of love, you feel the power of love
You feel the power of love

사랑의 힘

휴이 러위스와 더 뉴스의 노래

사랑의 힘이란 신기한 것이에요
한 사람을 울게 만들고 또 다른 사람은 웃게 만드네요
매를 작은 흰 비둘기로 변화시키네요
느낌 이상의 것, 그것이 사랑의 힘

다이아몬드보다 더 강하고, 아이스크림맛처럼 풍부하며
나쁜 소녀의 꿈보다 더 강하고 어려워요
나쁜 것을 좋게, 잘못된 일을 올바르게 만드네요
사랑의 힘은 밤에 당신을 집에 머물게 할 것이에요

사랑의 힘은 돈이 필요 없고 명성을 좇지 아니하며
이 기차를 타기 위해 신용카드를 필요로 하지도 않아요
그것은 강력하고 갑작스러우며 그리고 때로는 잔인해요
그러나 그것은 당신의 삶을 구해낼 지도 몰라요
그것이 사랑의 힘이에여, 그것이 사랑의 힘이에요

당신이 처음 그걸 느낄 때, 그것이 당신을 슬프게 만들지도 모르고
당신이 다음 번에 그걸 느낄 때, 그것이 당신을 몹시 화나게 만들지도 몰라요
그러나 사랑하는 그대여 사랑의 힘이 이 세상을 움직이게 한다는 것을
알았을 때 당신은 기뻐할 거예요

당신은 돈이 필요 없고 명예를 좇지 아니하며
이 기차를 타기 위해 신용카드를 필요로 하지도 않아요
그것은 강력하고 갑작스러우며 그리고 때로는 잔인해요
그러나 이것이 당신의 삶을 구해낼 지도 몰라요

사람들은 사랑 안에서는 모두가 공평하다고 말해요
그래요, 그러나 당신은 상관하지 않아요
하지만 사랑이 당신을 붙잡을 때 무엇을 해야 하는지 당신은 알고 있다

하늘의 작은 도움으로 당신은 사랑의 힘을 느껴요
당신은 사랑의 힘을 느껴요, 당신은 그걸 느낄 수 있어요 음 음

당신은 돈이 필요 없고, 명예를 좇지 아니하며
이 기차를 타기 위해 신용카드도 필요하지 않아요
다이아몬드보다 더 강하며 강철보다 더 튼튼하다
당신은 사랑의 힘을 느끼고서야 비로소 다른 것들도 느낄 거예요

당신은 사람의 힘을 느껴요.. 그냥 사랑의 힘을 느껴요
그게 힘이고 그게 사랑의 힘이에요
당신은 사랑의 힘을 느껴요, 당신은 사랑의 힘을 느껴요
당신은 사랑의 힘을 느껴요

* 영어 발음 제대로 듣거나 말하기

1) 이어지는 소리(연음)의 경우

(1) 약모음 이동

is a, Make a, Change a, than a, with a, from above

is a에서 a가 약모음 [ə]가 되어 앞 낱말 끝부분에 가서 붙어 '이저'로 발음된다. Make a, Change a, than a와 with a도 마찬가지 경우이다. from above에서 above의 a가 약모음 [ə]가 되어 앞 낱말 끝부분에 가서 붙어 '후라머 바브'에 가깝게 발음된다.

(2) 자음 이동

make you, all in, love is, When it, hold of, feel it

make you에서 make의 자음 k가 뒤에 있는 낱말 앞부분에 가서 붙어 '메이 큐'로 발음된다. make의 끝에 있는 모음 e는 약하게 발음되어 무시해도 될 정도이다. all in에서 all의 자음 ll가 뒤에 있는 낱말 앞부분에 가서 붙어 '오 린'으로 발음된다. love is에서 love의 자음 v가 뒤에 있는 낱말 앞부분에 가서 붙어 '러 비즈'로 발음된다. love의 끝에 있는 모음 e는 약하게 발음되어 무시해도 될 정도이다. When it에서 When의 자음 n이 뒤에 있는 낱말 앞부분에 가서 붙어 '웨 닛'로 발음된다. feel it도 마찬가지 경우이다. hold of에서 hold의 자음 d가 뒤에 있는 낱말 앞부분에 가서 붙어 '홀 더브'로 발음된다. of는 기능어로 약하게 발음되기 때문에 [əv] 또는 [ə]로 발음된다.

2) 없어지는 소리(탈락)의 경우

diamonds, don't need, don't take, card to, ride this, it's sudden, just save, First time, Next time, world go, don't need, don't care, what to, won't feel, just feel

diamonds에서 뒷부분에 있는 d는 자음 n과 자음 s 사이에 놓이기 때문에 탈락되어

'다이어먼즈'로 발음된다. 이와 같이 자음과 자음 사이에 놓이는 여섯 개의 파열음인 철자—k/g, p/b, t/d—사이에 놓여 탈락되는 예로 don't need, don't take, just save, world go, don't need, don't care, won't feel과 just feel이 해당된다.

card to에서 card의 d는 to의 t와 같은 위치에서 소리가 나기 때문에 앞의 d가 탈락되어 '카 터'로 발음된다.

ride this에서 ride의 d와 this의 th- 발음 [ð]이 발음이 비슷하기 때문에 앞의 d가 탈락되어 '라이 디스'에 가깝게 발음된다.

it's sudden에서 it's의 s와 sudden의 s는 같은 철자가 겹쳐서 나오기 때문에 앞의 s가 탈락되어 '잇 서든'으로 발음된다. Next time와 what to도 마찬가지 경우이다.

3) 닮는 소리(동화)의 경우

little

little에서 t(t)가 강모음과 약모음 사이에 놓이면 단타음(單打音)으로 되어 t도, d도, r도 아닌 발음이 된다. little은 '리를'에 가깝게 발음된다. 이 소리는 한글로 표기할 수 없으며 오직 소리로만 익힐 수밖에 없다. 특히 미국영어(American English)에서 두드러진 현상이다.

4) 줄어드는 소리(축약)의 경우

that's, don't, It's, you'll, you've

be 동사의 경우인 that's와 It's, 부정형인 don't, 도우미동사(조동사)의 경우인 you'll 와 have 동사의 경우인 you've가 있다. 이 가운데 you'll에서 'll이 한국인이 발음하기에 가장 힘든 예이다. 그 이유는 'll은 will의 줄인 형태인데 'll'이 한국어에 없는 발음으로, 'l'은 혀를 입천장에 붙여서 소리를 내야 하는데, 한국어에는 이렇게 소리를 내는 것이 없기 때문이다.

5) 주의해야 할 발음

whips, dream, when, train, what, can

whips, **wh**en과 **wh**at에서 wh~로 시작되는 낱말은 'w'뒤에 있는 'h'의 소리가 보통 들리지 않는다. 그러니까 whips '휩스'이라기 보다 '윕스'에 가깝게, when은 '휀'이라 기 보다 '웬'에 가깝게, what은 '홧'이라기 보다 '왓'에 가깝게 발음된다. 그러나 사람과 관련된 who, whose, whom은 예외로 'h'의 소리가 그대로 난다.

dream에서 'dr~'의 발음은 '드_'와 '주'의 중간쯤 되는 소리로 '쥬'에 가깝게 발음된다. dream은 '드림'이라기 보다 '쥬림'에 가깝게 발음된다.

train에서 'tr~'의 발음은 '츠___'와 '추'의 중간쯤 되는 소리로 '츄'에 가깝게 발음된다. train은 '트레인'이라기 보다 '츄레인'에 가깝게 발음된다.

can은 can't와 마찬가지로 도우미동사로 기능낱말이기 때문에 약하게 발음한다. 그런데 can't 다음에 자음이 나오기 때문에 탈락되는 경우가 대부분이어서 can은 [kən]으로 can't는 [kæn]으로 발음하기로 약속이 되어 있다. 그런데 can이 문장 가운데 들어가는 경우가 [kən]으로 주로 발음되고 문장의 끝에 들어가는 경우에는 [kæn]으로 발음되는 경우가 대부분이다. can't는 기본적으로 [kæn]으로 발음되면서 can 보다 약간 길게 발음되는 경향이 있다.

* 팝송에 들어 있는 쓸모 있는 영어 표현들

1. Make a one man weep, make another man sing: 강제성을 띤 동사 **make** 다음에 목적어(a one man / another man)가 오고 그 다음에 to 부정사에서 to가 생략하여 알몸동사(원형동사)(weep / sing)가 온다. 네 번째 연의 makes the world go round의 경우도 마찬가지이다.

2. More than a feeling: **more than**은 '보다 많이, …이상(의)'라는 뜻으로 쓰인다. 예문들은 다음과 같다.

She earns a lot **more than** I do.
(그녀는 나보다 (돈을) 훨씬 더 많이 번다.)

The company owes money to more than 60 banks.
(그 회사는 육십 개가 넘는 은행에 부채가 있다.)

More than nine hundred people have died in the fighting.
(그 전투에서 구백 명 이상이 목숨을 잃었다.)

3. it might make you mad: **mad**는 '미친, 정신 이상인, 정신 나간, 터무니 없는, 미치도록 좋아하는'이란 뜻 이 외에 '몹시[미친 듯이] 화가 난[화를 내는]'이란 뜻으로 쓰인다. 이 노래에서는 후자의 뜻으로 쓰이고 있다. 예문들은 다음과 같다.

He got **mad** and walked out.
(그가 미친 듯이 화를 내더니 나가 버렸다.)

That noise is driving me mad.
(저 소음 때문에 내가 미치겠어.)

She's mad at me for being late.
(내가 늦었다고 그녀가 내게 몹시 화가 나 있어.)

4. makes the world go round: 강제성을 띤 동사 **make** 다음에 목적어(the world)가 오고 그 다음에 to 부정사에서 to가 생략하여 알몸동사(원형동사)(go)가 온다. **go round**는 1) '여기저기 걸어 다니다', 2) '돌다, 움직이다'3) '(가까운 곳에 있는 사람 · 장소에) 가다[들르다]'는 뜻으로 쓰인다. 이 노래에서는 2)의 뜻으로 쓰인다.

1)의 예문들은 다음과 같다.

There's a stomach bug **going round**.
(유행성 배탈이 돌아다니고 있다.)

Solicitors are going round scavenging for work.
(변호사들이 일거리를 찾아 돌아다니고 있다.)

He went round with his hat for the collection of money.

(그는 기부를 받으려 모자를 들고 돌아다녔다.)

2)의 예문들은 다음과 같다.

How do you make the wheels **go round**?

(어떻게 바퀴가 굴러가게 만드나요?)

The earth goes round the sun once a year.

(지구는 일 년에 한 번 태양 주위를 돈다.)

The thought kept going round and round in her head.

(그 생각이 그녀의 머리 속에서 계속 뱅뱅 맴을 돌았다.)

3)의 예문들은 다음과 같다.

I **went round** to the post office.

(나는 우체국에 갔었다.)

I'm going round to John's tonight.

(나는 오늘밤 존의 집에 갈 작정이다.)

I'm going round to my sister's later.

(내가 나중에 언니[누나/여동생] 집에 들르려고 한다.)

5. Yeah but you don't care: **care**는 명사로 '돌봄, 보살핌, 조심, 주의, 걱정, 염려'라는 뜻으로 쓰이고, 동사로 1) '상관하다, 관심을 가지다', 2) '배려하다'와 3) '애를 쓰다, 노력하다'라는 뜻으로 쓰인다. 이 노래에서는 동사로 1)의 뜻으로 쓰이고 있다.

1)의 예문들은 다음과 같다.

I don't **care** what he thinks.

(그가 무슨 생각을 하던 난 상관없다.)

I don't care what color she is.

(그녀가 어떤 인종이든 난 상관없어.)

I don't care if I never see him again!

(그를 다시 못 본다 해도 난 상관없어!)

2)의 예문들은 다음과 같다.

He genuinely **cares** about his employees.
(그는 진정으로 직원들을 배려한다.)

They are doctors who care for the dying.
(그들은 죽어 가는 사람들을 보살피는 의사들이다.)

I had to care for my nephew whole afternoon.
(나는 오후 내내 조카를 돌봐야 했다.)

3)의 예문들은 다음과 같다.

I don't **care** to see her.
(나는 그녀를 애써 만나고 싶지 않다.)

Personally, I don't care to go.
(나로서는 애써 가고 싶지 않다.)

I've done this job more times than I care to remember.
(나는 이 일을 내가 애써 기억할 수 있는 것보다 더 여러 번 해보았다.)

6. You won't feel it when until you feel: **You won't feel it when until you feel**을 글자 그대로 옮기면 '사랑의 힘을 느끼지 않고서는 다른 것을 느끼지 못할 것이다'라는 것은 '당신은 사랑의 힘을 느끼고서야 비로소 다른 것들도 느낄 것이다'라는 뜻이다.

기억할 만한 영어 문장

1. The power of love is a curious thing.
(사랑의 힘이란 신기한 것이다.)
2. Power of love will keep you home at night.
(사랑의 힘은 밤에 당신을 집에 머물게 할 것이에요.)
3. Don't need no credit card to ride this train.
(이 기차를 타기 위해 신용카드도 필요치 않다.)

* 팝송 에세이

이 노래는 사랑의 힘의 위대함을 노래하고 있다. 사랑의 힘은 묘한 것이다. 사람을 울게 만들기도 하고 노래를 부르기도 하고, 매를 비둘기로 변화시키기도 한다고 말한다. 나쁜 것을 좋게 만들어 주고, 잘못된 것을 바로 잡아주기도 한다고 말한다. 아이스크림처럼 풍부한 맛을 갖고 있고, 다이아몬드나 강철 보다 더 강하다고 말하기도 한다. 사랑은 슬프게 하기도, 화나게 만들기도 하지만, 사랑의 힘에 의해 세상이 움직인다는 사실을 발견할 때는 기뻐하게 될 것이라고 말하기도 한다. 사랑의 속성을 강하고, 갑작스럽고, 잔인하게 보면서 한편으로 인간의 삶을 구해줄 지도 모르는 것으로 보고 있다.

"사랑의 힘은 돈도 필요 없고 명성을 좇지 아니하며 / 이 기차를 타기 위해 신용카드를 필요로 하지도 않아요"에서 짐작할 수 있는 것은 사랑의 힘은 보이지 않는 영역에서 커다란 영향력을 행사하는 것이고, 세속적이 욕망을 좇아가는 것도 아니며, 마음만 있으면 언제든지 사랑의 힘이 작용할 수 있음을 나타낸다. 사랑의 힘을 느낄 수만 있어도 그 자체만으로 삶에 있어서 행복의 문을 열어주는 중요한 열쇠 역할을 할 것이다.

사랑의 힘은 사랑을 제대로 느끼고 있는 사람만이 알 수 있는 고유의 영역이다. 사랑이 결핍되거나 부재된 경우에는 사랑의 힘을 정상적으로 인식할 수 없을 것이다. 사랑만큼 받은 것만큼 자연스럽게 온전하게 표현되는 것을 아마 없을 것이다. 그래서 특히 어린 시절이나 성장 과정에서 받은 사랑이나 사랑 결핍이 된 경우에는 성인이 되어서는 언뜻언뜻 그대로 드러나거나 극단적인 상황에서 표출되는 경우를 간혹 본다. 많은 문학 작품들이 사랑을 주제로 삼고 있지만 상당한 부분은 사랑의 부재 또는 사랑의 결핍을 다루고 있는 점을 보면 사랑의 부재와 결핍이 얼마나 인간의 삶에 부정적인 영향을 끼치는 지를 간접적으로 확인할 수 있는 증거가 되나.

사랑의 힘은 신기한 것이긴 하지만 그 힘에는 다양한 기능을 갖고 있어서 언제 어디서 어떻게 나타날 지는 쉽게 단정을 지어 말할 수 없다. 사랑은 일단 상대방을 위하는 마음에서 시작하여 서로에게 힘과 에너지로 활용되어 삶을 풍요롭게 만드는 활력소가 될 것이다.

★ 덧붙이는 글 ★

이 노래의 제목이 The Power of Love와 Power of Love 두 가지로 소개되고 있다. 많은 경우 The Power of Love로 소개되어 있고, 기본적으로 The가 들어가야 하기 때문에 의미상의 차이는 없지만 기본 형태를 갖춘다는 뜻에서 The Power of Love로 정했다.

첫째 연의 셋째 줄 Change a hawk to a little white dove 가사에서 a hawk 대신에 a heart가 많이 나온다. 실제 노래에서 a hawk이다.

둘째 연의 첫째 줄 rich like cream 가사에서 rich 대신에 whips가 많이 나온다. 실제 노래에서 rich이다.

Take My Breath Away

Sung by Berlin

Watching every motion in my foolish lover's game
On this endless ocean finally lovers know no shame
Turning and returning to some secret place inside
Watching in slow motion as you turn around and say

Take my breath away
Take my breath away

Watching I keep waiting still anticipating love
Never hesitating to become the fated ones
Turning and returning to some secret place to hide
Watching in slow motion as you turn to me and say

My love, take my breath away

Through the hourglass I saw you in time you slipped away
When a mirror crashed I called you and turned to hear you say
If only for today I am unafraid

Take my breath away
Take my breath away

Watching every motion in this foolish lover's game
Haunted by the notion somewhere there's a love in flames
Turning and returning to some secret place inside
Watching in slow motion as you turn my way and say

Take my breath away
My love, take my breath away
My love, take my breath away
My love, take my breath away

내 숨을 멎게 해줘

벌린의 노래

내 바보 같은 사랑게임 속에서 모든 동작들을 지켜보면서
이 끝이 없는 바다에서 드디어 사랑하는 사람들은 부끄러운 줄도 모르고
돌고 다시 돌면서 안에 있는 비밀스런 장소로
느린 동작으로 보면서 네가 돌아서면서 말하지

내 숨을 멎게 해줘
내 숨을 멎게 해줘

여전히 사랑을 기대하면서 내가 기다리는 걸 지켜보면서
운명으로 정해진 사람들이 되는 것을 절대 주저하지 않으면서
돌고 다시 돌고 안에 있는 비밀스런 장소로
느린 동작으로 보면서 네가 돌아서면서 말하지

내 사랑하는 이여, 내 숨을 멎게 해줘

모래시계를 통해서 난 너를 봐 시간이 흐르자 넌 떠나버렸지
거울이 깨졌을 때 내가 널 부르고 네가 말하는 걸 듣기 위해 돌아보지
오늘이기만 하면 난 두렵지 않아

내 숨을 멎게 해줘
내 숨을 멎게 해줘

모든 동작들을 지켜보면서 이 바보 같은 사랑게임에서
어딘가에서 불꽃처럼 타오르는 사랑을 나누는 생각에 사로잡혀
돌고 다시 돌고 안에 있는 비밀스런 장소로
느린 동작으로 보면서 네가 내 쪽으로 돌아서면서 말하지

내 숨을 멎게 해줘
내 사랑하는 이여, 내 숨을 멎게 해줘
내 사랑하는 이여, 내 숨을 멎게 해줘
내 사랑하는 이여, 내 숨을 멎게 해줘

* 영어 발음 제대로 듣거나 말하기

1) 이어지는 소리(연음)의 경우

(1) 약모음 이동

tur**n a**round, brea**th a**way, Whe**n a**, there**'s a**

tur**n a**round에서 around의 a가 약모음 [ə]가 되어 앞 낱말 끝부분에 가서 붙어 '터너 라운드'로 발음된다. brea**th a**way에서 away의 a가 약모음 [ə]가 되어 앞낱말 끝부분에 가서 붙어 '브레서 웨이'에 가깝게 발음된다. Whe**n a**에서 a가 약모음 [ə]가 되어 앞 낱말 끝부분에 가서 붙어 '웨너'로 발음된다. there's a도 마찬가지 경우이다.

(2) 자음 이동

lo**ve in**

lo**ve in**에서 love의 자음 v가 뒤에 있는 낱말 앞부분에 가서 붙어 '러 빈'으로 발음된다. love의 끝에 있는 모음 e는 약하게 발음되기 때문에 무시해도 될 정도이다.

2) 없어지는 소리(탈락)의 경우

en**d**less

en**d**less에서 endless의 d는 자음 n과 자음 l 사이에 놓이기 때문에 탈락되어 '엔리스'로 발음된다. 이와 같이 자음과 자음 사이에 놓이는 여섯 개의 파열음인 철자—k/g, p/b, t/d—사이에 놓여 탈락되는 경우이다.

3) 닮는 소리(동화)의 경우

wai**t**ing

wai**t**ing에서 t(t)가 강모음과 약모음 사이에 놓이면 단타음(單打音)으로 되어 t도, d도, r도 아닌 발음이 된다. waiting은 '웨이링'에 가깝게 발음된다. 이 소리는 한글로 표기할 수 없으며 오직 소리로만 익힐 수밖에 없다. 특히 미국영어(American English)에서 두드러진 현상이다.

4) 줄어진 소리(축약)의 경우

lover**'s**, there**'s**

be 동사의 경우인 lover**'s**와 there**'s**가 있다.

5) 주의해야 할 발음

Some**wh**ere

Some**wh**ere에서 wh~로 시작되는 낱말은 'w'뒤에 있는 'h'의 소리가 보통 들리지 않는다. 그러니까 Somewhere는 '섬훼어'라기 보다 '섬웨어'에 가깝게 발음된다. 그러나 사람과 관련된 who, whose, whom은 예외로 'h'의 소리가 그대로 난다.

* 팝송에 들어 있는 쓸모 있는 영어 표현들

1. In my foolish lover's game: **foolish lover's game**이란 것은 사랑에 빠져들고 있는 것이 한편으로 어리석은 짓 같기도 하고 스릴이 넘치는 게임 같기도 하다는 뜻일 것이다. 특히 사랑 행위와 관련지어 보면, 더 잘 이해할 수 있을 것이다.

2. As you turn around and say: **turn around**는 1) '돌아서다[몸을 돌리다]/~을 돌리다[돌려 세우다]', 2) '(경기 · 경제 등이[을]) 호전되다[호전시키다]'와 3) '회전하다[시키다]'라는 뜻으로 쓰인다. 이 노래에서는 1)의 뜻으로 쓰이고 있다.

1)의 예문들은 다음과 같다.

He **turned around** and retraced his steps.
(그는 돌아서서 왔던 길을 되돌아갔다.)

As I turned around, I bumped into a chair.
(내가 돌아서다가 의자에 부딪쳤다.)

Turn around and let me look at your back.
(내가 네 등을 볼 수 있게 돌아서 봐.)

2)의 예문들은 다음과 같다.

All of a sudden our lives are **turned around**.
(갑자기 우리의 삶이 호전되었다.)

But I'm confident that it'll turn around soon.
(그러나 나는 곧 호전될 것이라고 확신합니다.)

As ever, it takes time to turn such a situation around.
(종래와 마찬가지로, 그런 상황을 호전시키는 데는 시간이 걸린다.)

3)의 예문들은 다음과 같다.

The earth **turns around** the sun.
(지구는 태양의 둘레를 돈다.)

We were turning around in circles.
(우리는 원을 그리며 회전하고 있었다.)

The earth turns around from west to east.
(지구는 서에서 동으로 돈다.)

3. Take my breath away: 제목이자 노래에 여러 번 나오는 **take one's breath away**는 '(너무 놀랍거나 아름다워서) 숨이 멎을 정도이다, 압도하다, 남을 깜짝[움찔] 놀라게 하다, …을[를] 아름다움이나 위엄으로 압도하다'라는 뜻이다. take my breath away를 글자 그대로 '내 숨을 멎게 해줘'라고 옮겼지만 상당히 감각적인 표현도 내포되어있으면서 여러 가지 의미가 함축된 표현이라고 할 수 있다. 예문들은 다음과 같다.

She **takes a person's breath** away.
(그녀는 사람들을 압도한다.)

My first view of the island from the air took my breath away.
(하늘에서 그 섬을 처음 보았을 때 난 숨이 멎는 줄 알았다.)

I heard this song on the radio and it just took my breath away.
(나는 이 노래를 라디오에 들었는데 그저 나를 압도했다.)

4. Watching I keep waiting: keep waiting은 **keep 동명사(~ing)** 모양으로 '~을[를] 계속하다[반복하다]'라는 뜻으로 쓰인다. 이것은 keep on 동명사(~ing)도 마찬가지 뜻으로 쓰인다.

The machines are **kept running** night and day.
(그 기계들은 밤낮으로 계속 돌린다.)

Keep asking or searching till you find an answer.
(답을 찾을 때까지 계속 질문하거나 탐구하라.)

You just have to keep yourself busy and keep going.
(그저 스스로 바쁘게 지내면서 계속 살아가야 한다.)

5. Through the hourglass I saw you: **hourglass**는 '(모래가 흘러내리는 데 정확히 한시간이 걸리는) 모래시계"라는 뜻이다.

6. In time you slipped away: **in time**은 1) '이윽고, 조만간, 장차'와 2) '(~에) 시간 맞춰[늦지 않게], 늦지 않게'라는 뜻으로 쓰인다. 이 노래에서는 1)의 뜻으로 쓰이고 있다.

1)의 예문들은 다음과 같다.

He will learn that **in time**.
(그는 머지않아 그것을 알게 될 것이다.)

In time he became more confident and relaxed.
(시간이 흐르자 그는 자신감과 여유가 더 생겼다.)

They learned to accept their stepmother in time.
(그들은 이윽고 그들의 새엄마를 받아들일 줄 알게 되었다.)

2)의 예문들은 다음과 같다.

Will we be **in time** for the six o'clock train?
(우리가 6시 기차에 맞춰 갈 수 있을까?)

I arrived just in time for my flight to London.
(나는 런던발 비행기 시간에 딱 맞춰서 도착했다.)

He arrived in time to get a good seat at the show.
(그는 쇼에 알맞은 시간에 도착해서 좋은 좌석을 잡을 수 있었다.)

slip away는 1) '사라지다[없어지다/죽다]'와 2) '빠져 나가다'라는 뜻으로 쓰인다. 이 노래에서는 2)의 뜻으로 쓰인다. 예문들은 다음과 같다.

1)의 예문들은 다음과 같다.

She knew that time was **slipping away**.
(그녀는 시간이 후딱 지나가 버린다는 것을 알고 있었다.)

The boundaries of society will quickly slip away.
(사회의 경계는 빠르게 사라질 것이다.)

Once an opportunity slips away, it is gone for good and ever.
(일단 좋은 기회를 한번 놓치면 영구히 가서 돌아오지 않는다.)

2)의 예문들은 다음과 같다.

She **slipped away** without him being aware of it.
(그녀는 그가 눈치 채지 못하게 빠져나갔다.)

He slipped away from the police surveillance and fled.
(그는 경찰의 감시망을 뚫고 도망쳤다.)

After dinner Alice slipped away for a walk in the woods with Artie.
(저녁 식사 후에 앨리스는 아티와 숲으로 산책을 가려고 조용히 빠져 나왔다.)

7. And turned to hear you say: **hear you say**에서 감각동사 hear 다음에 목적어(you)가 오고 그 다음에는 to 부정사에서 to가 생략된 알몸동사(원형동사)(say)가 온다. 그러니까 to say가 아닌 say가 온다.

8. If only for today: **if only**는 '…이면 좋을 텐데[…였다면 좋았을 텐데](소망을 나타냄), 오직 …하기만 하면'이란 뜻으로 쓰인다. 예문들은 다음과 같다.

If only you hadn't felt compelled to meddle.
(네가 무리하게 참견하지 않았었더라면 좋았을 텐데.)

If only I could show you how much I love you.
(내가 널 얼마나 사랑하는지 보여줄 수만 있다면.)

"If only I had a million dollars." "Well, money is not everything."
("돈 백만 달러만 있었으면 좋으련만." "돈이 전부가 아니야.")

9. Somewhere there's a love in flames: **somewhere**는 '어딘가에, 어떤 곳, 대략, 언젠가'라는 뜻으로 쓰인다. 예문들은 다음과 같다.

A long scream sounded from **somewhere** above.
(위쪽 어디에선가 긴 비명이 들렸다.)

Caray is somewhere between 73 and 80 years of age.
(커레이는 대략 일흔세 살에서 여든 살 정도이다.)

To my certain knowledge he was somewhere else at the time.
(내가 확실히 아는데 그는 그 시간에 어디 다른 데 있었다.)

in flames는 '활활 타올라서, 불길에 휩싸여'라는 뜻으로 쓰인다. 예문들은 다음과 같다. 비유적인 표현으로서의 a love in flames는 '불타오르는 사랑의 행위'라고 할 수 있다. 그래서 추상명사인 love에 부정관사 a가 붙어있다고 생각할 수 있다.

The vehicle was engulfed **in flames**.
(그 차량은 불길에 휩싸여 있었다.)

The whole building went up in flames.
(그 건물 전체가 화염 속에 사라졌다.)

My life in flames, my tears concrete the pain.
(내 삶은 화염 속에 싸이고 흐르는 눈물은 내 마음을 더욱 아프게 합니다.)

기억할 만한 영어 문장

1. Finally lovers know no shame.

   (드디어 사랑하는 사람들은 부끄러운 것도 모른다.)

2. Somewhere there's a love in flames.

   (어딘가에서 불꽃처럼 타오르는 사랑을 나눈다.)

3. When the mirror crashed I called you.

   (거울이 깨졌을 때 내가 널 불렀다.)

* 팝송 에세이

이 노래는 바보 같은 사랑놀이로 시작했지만, 차츰 한 사람의 마음을 사로 잡은 연인을 지켜보면서 사랑을 갈망하고 숙명적인 사랑이 될 것이라고 예견까지 한다. 그렇지만 활활 타오르는 사랑이 어딘가에 있을 것이라는 생각에 사로 잡히기도 하고, 연인의 모습을 지켜보면서 "내 숨을 멋게 해줘"라고 되뇌인다. 사랑 행위가 그림처럼 눈앞에서 펼쳐지는 것 같은 모습이고 상당히 관능적인 만남을 노래하고 있다고 볼 수 있다.

이 노래를 들으면서 존 웰우드(John Welwood)의 "짝꿍에게 자기 자신을 온전히 드러냈을 때, 창피하거나 불편하다는 느낌보다 편안하고 온화한 느낌이 더 강하게 들며 우리는 아주 새롭고 중요한 사실에 눈뜨게 된다. 즉, 사람 사이의 아주 친밀한 관계는 우리에게 지리멸렬한 현실 세계로부터 도피할 수 있는, 아무런 꾸밈이 없이 있는 그대로의 우리 자신이 될 수 있는 성스러운 공간을 제공한다는 점이다. 현실에서 쓰고 있던 가면을 벗는 것과 같은 성스러운 행위—진실을 털어놓고 내면의 갈등을 함께 나누며, 자신의 욕망을 날 것 그대로 드러내는 것—는 두 개의 영혼이 더 깊은 곳에서 만나게 해준다."라는 것을 통해 관능적인 만남의 또 다른 아름다움과 진실을 이해할 수 있을 것 같다.

사랑게임의 동작 하나 하나, 부끄러운 줄 모르는 연인들의 몸동작은 이미 운명적으로 정해진 둘은 하나인 관능적인 만남은 "내 숨을 멋게 해줘"라는 짧은 대사로 막이 내리는 그 자체로서 한 폭의 짤막한 연극을 보는 것 같다. 그렇지만 "모래시계를 통해서 난 너를 봐 시간이 흐르자 넌 떠나버렸지"는 만남의 아쉬움을 더 강조하는 안타까움을 나타내고 있다. 안타까움을 넘어선 영원한 이별을 예고라도 하듯이 거울이 깨지는 것이다. 이 거울이 깨진 다는 것은 영혼이 산산조각 난다는 것을 일반적으로 상징하기 때문이다.

사랑은 각각 타인인 서로 다른 사람들이 친밀한 관계로 변하고 사랑에 빠지는 경험을 하게 된다. 새로운 사랑은 그 이전의 사랑과는 다를 것이라는 환상을 품게 된다. 사랑하는 사이에 이루어지는 성적 욕망의 기만적 성격은 이런 환상에 도움을 줄 것이다.

이성간의 사랑의 경우 성적 욕망을 이야기하고자 할 때 에리히 프롬(Erich Fromm)의 『사랑의 기술』(*The Art of Loving*)에 나오는 "성적 욕망은 융합을 지향하지만, 결코 육체적 욕망이나 고통스러운 긴장의 해소에만 국한되지는 않는다.... 성적 욕망은 강렬한 정서와 쉽게 뒤섞이고, 그것에 의해 쉽게 자극되면 사랑은 강렬한 정서의 한 종류에 지나지 않게 된다. 성적 욕망은 대부분의 사람들 마음속에서 사랑이라는 관념과 짝을 이루고 있기 때문에 사람들은 육체적으로 서로를 원할 때 서로 사랑하고 있다는 잘못된 결론에 도달하기 쉽다."는 인용할만한 가치가 있다고 본다. 그렇지만 진정한 사랑의 경우 성적 욕망과 더불어 상대방의 자아 확장으로도 이어질 수 있는 부분도 분명히 있다.

★ 덧붙이는 글 ★

이 곡은 『탑 건』(Top Gun)(1986)에 나온 사랑 노래이다.

첫째 연의 첫째 줄에 있는 in my foolish lover's game과 일곱째 연의 첫째 줄에 있는 in this foolish lover's game에서 my와 this가 같지 않다. 벌린이 실제 노래에서도 다르게 부르고 있다. 그런데 추측을 해 보면 첫째 연은 시작이기 때문에 나로부터 출발하고 일곱째 연의 이미 가까워진 상태이기 때문에 그렇게 표현하지 않을까 생각해 본다.

Endless Love

Sung by Lionel Richie and Diana Ross

My love
There's only you in my life
The only thing that's right
My first love
You're every breath that I take
You're every step I make
And I I want to share all my love with you
No one else will do
And your eyes your eyes, they tell me how much you care
Oh, yes, you will always be my endless love

Two hearts, two hearts that beat as one
Our lives have just begun
Forever I'll hold you close in my arms
I can't resist your charms
And love oh love, I'll be a fool for you I'm sure
You know I don't mind oh you know I don't mind
'Cause you, you mean the world to me
Oh, I know I know I've found in you my endless love

Oooh-woow
Boom, boom
Boom, boom, boom, boom, boom, boom
Boom, boom, boom, boom, boom

Oooh and love, oh love, I'll be that fool for you I'm sure
You know I don't mind oh you know I don't mind
And yes, you'll be the only one
'Cause no one can deny this love I have inside
And I'll give it all to you
My love, my love, my love, my endless love.

끝없는 사랑

라이오넬리치와 다이어너로스의 노래

내 사랑하는 이여
내 생애에는 오직 당신밖에 없어요
그것만이 옳은 유일한 선택이죠
나의 첫사랑이여
당신은 내가 내쉬는 모든 숨결입니다
당신은 내가 내딛는 모든 발걸음이기도 합니다
그리고 나 나는 이 모든 사랑을 당신과 함께 나누고 싶어요
아무도 그렇게 하지는 못할 겁니다
그리고 당신의 눈빛 당신의 눈빛은 얼마나 나를 좋아하는지 나에게 말해 주고 있어요
오, 그래요 당신은 늘 나의 끝없는 사랑이 될 거에요

두 심장, 두 심장이 하나가 되어 고동치고 있어요
우리의 인생은 이제 막 시작된 겁니다
나는 영원히 당신을 나의 품속에 꼭 껴안을 거예요
당신은 너무 매력적이에요
그리고 내 사랑하는 이여 오 사랑하는 이여, 나는 당신을 위해서라면 어떤 바보라도 되겠어요 정말로
내가 그런 것에 개의치 않는다는 것을 당신도 알고 있잖아요 오
당신은 당신은 나에게 이 세상의 전부이니까요
오, 난 알아요 난 알아요 나는 당신에게서 끝없는 사랑을 찾아 왔잖아요

오 우
붐 붐
붐 붐 붐 붐 붐 붐
붐 붐 붐 붐 붐

오 그리고 사랑하는 이여 오 사랑하는 이여, 나는 당신을 위해서라면 그런 바보라도 되겠어요 정말로
당신은 알잖아요 내가 개의치 않는다는 것을, 오 당신은 알잖아요 내가 개의치 않는다는 것을
그리고 그래요, 당신만이 나의 유일한 사람이 될 겁니다.
아무도 내 마음 속에 있는 이런 사랑을 부인할 순 없으니까요
그리고 나는 당신에게 모두 드릴 거예요
나의 사랑하는 이여, 사랑하는 이여, 사랑하는 이여, 나의 끝없는 사랑을

* 영어 발음 제대로 듣거나 말하기

1) 이어지는 소리(연음)의 경우

(1) 약모음 이동

be a

be a에서 a가 약모음 [ə]가 되어 앞 낱말 끝부분에 가서 붙어 '비어'로 발음된다.

(2) 자음 이동

beat as, found in, give it all

beat as에서 beat의 자음 t가 뒤에 있는 낱말 앞부분에 가서 붙어 '비 터즈'로 발음된다. 그런데 이 노래에서는 beat와 as 사이에 한 박자 쉬기 때문에 따로 발음 되기 때문에 이 현상이 일어나지 않는다. found in에서 found의 자음 d가 뒤에 있는 낱말 앞부분에 가서 붙어 '화운 딘'에 가깝게 발음된다. give it all에서 give의 자음 v가 뒤에 있는 낱말 앞부분에 가서 붙고 it의 t가 all에 가서 붙어 '기비 롤'에 가깝게 발음된다.

2) 없어지는 소리(탈락)의 경우

first love, want to, And your, endless, just begun, can't resist, don't mind, world to

first love에서 first의 t는 자음 r과 love의 자음 l 사이에 놓이기 때문에 탈락되어 '훠스 러브'에 가깝게 발음된다. 이와 같이 자음과 자음 사이에 놓이는 여섯 개의 파열음인 철자—k/g, p/b, t/d—사이에 놓여 탈락되는 예로 endless, just begun, can't resist와 don't mind가 해당된다.

want to에서 want의 t와 to의 t는 같은 철자가 겹쳐서 나오기 때문에 앞의 t가 탈락되어 '완 터'로 발음된다.

world to에서 world의 d는 to의 t와 같은 위치에서 소리가 나기 때문에 앞의 d가 탈락되어 '월 터'로 발음된다.

3) 닮는 소리(동화)의 경우

that **I**, hold **you**, resist **your**

that **I**에서 t(t)가 강모음과 약모음 사이에 놓이면 단타음(單打音)으로 되어 t도, d도 r도 아닌 발음이 된다. that I는 '대라이'에 가깝게 발음된다. 이 소리는 한글로 정확하게 표기할 수 없으며 오직 소리로만 익힐 수밖에 없다. 특히 미국영어(American English)에서 두드러진 현상이다.

hol**d** **y**ou에서 hold의 d[d]와 you의 y[j]가 합쳐져 서로 닮아서 [ʤ]로 바뀌어 '홀쥬'에 가깝게 발음된다. 따라서 이런 현상은 영국영어(British English) 보다 미국영어(American English)에서 자주 나타나는 현상이다.

resis**t** **y**our에서 resist의 t[t]와 your의 y[j]가 합쳐져 서로 닮아서 [tʃ]로 바뀌어 '리지스츄어'에 가깝게 발음된다. 따라서 이런 현상은 영국영어(British English) 보다 미국영어(American English)에서 자주 나타나는 현상이다.

4) 줄어진 소리(축약)의 경우

There**'s**, that**'s**, You**'re**, ca**n't**, I**'ll**, I**'m**, do**n't**, **'**Cause, you**'ll**

be 동사의 경우인 There**'s**, that**'s**, You**'re**와 I**'m**, 부정형인 ca**n't**와 do**n't**, 도우미동사(조동사)의 경우인 you**'ll**이 있다. 이 가운데 you**'ll**에서 'll이 한국인이 발음하기에 가장 힘든 예이다. 그 이유는 'll은 will의 줄인 형태인데 'll'이 한국어에 없는 발음으로, 'l'은 혀를 입천장에 붙여서 소리를 내야 하는데, 한국어에는 이렇게 소리를 내는 것이 없기 때문이다.

'Cause는 Because의 줄어진 형태이다.

5) 주의해야 할 발음

step, **can't**, **can**

step에서 s+k/p/t가 되면 된소리에 가깝게 소리가 난다. 대부분 k/p/t가 들어 간 낱말은 h가 들어가는 소리를 내게 되는데, s+k/p/t의 경우는 h 소리가 들어가지 않고 된소리에 가깝게 발음된다. 그러니까 step은 '스뗍'에 가깝게 발음된다.

can't는 can과 마찬가지로 도우미동사로 기능낱말이기 때문에 약하게 발음한다. 그런데 can't 다음에 자음이 나오기 때문에 탈락되는 경우가 대부분이어서 can은 [kən]으로 can't는 [kæn]으로 발음하기로 약속이 되어 있다. 그런데 can이 문장 가운데 들어가는 경우가 [kən]으로 주로 발음되고 문장의 끝에 들어가는 경우에는 [kæn]으로 발음되는 경우가 대부분이다. can't는 기본적으로 [kæn]으로 발음되면서 can 보다 약간 길게 발음되는 경향이 있다.

* 팝송에 들어 있는 쓸모 있는 영어 표현들

1. You're every breath that I take: take every breath로 연결된다. **take breath**는 본래 '한숨 돌리다, 잠깐 쉬다'라는 뜻과 그냥 '숨을 쉬다'라는 뜻으로 쓰인다. 자주 쓰이는 동사(common verb)인 take+a(an)+명사가 되어 동사의 뜻을 갖게 된다. 단, 명사가 추상명사이거나 복수인 경우에는 a(an)이 쓰이지 않는다. 이런 동사에는 take 이 외에 have와 make 등이 있다, 예문들은 다음과 같다.

Now, we have one hour to **take breath**.
(이제 우리는 한 시간 동안 한숨을 돌릴 수 있다.)

When I stand here taking every breath with you.
(내가 여기 이렇게 서서 당신과 함께 살아 숨쉬고 있는데.)

Her lips parted as if she were about to take a deep breath.
(깊은 숨을 들이쉬려는 것처럼 그녀의 입술이 벌어졌다.)

2. You're every step that I make: make ever step으로 연결된다. **make step**은 '걸음을 내딛다'라는 뜻으로 쓰인다. 자주 쓰이는 동사(common verb)인 make+a(an)+명사가 되어 동사의 뜻을 갖게 된다. 단, 명사가 추상명사이거나 복수인 경우에는 a(an)이 쓰이지 않는다. 이런 동사에는 make 이 외에 have와 take 등이 있다, 예문들은 다음과 같다.

The dancer **made a** false **step**.
(그 춤을 추는 사람은 발을 헛디뎠다.)

A whole minute passed, and then she made a step forward.
(모든 순간이 지나고 나서, 그녀는 한걸음 앞으로 나아갔다.)

He made a step higher, and discovered the scarlet letter.
(그는 한 단계 더 가까이 다가가 주홍색 편지를 발견했다.)

3. how much you care: care는 명사로 '돌봄, 보살핌, 조심, 주의, 걱정, 염려'로 쓰인다. **care**는 동사로 '상관하다, 관심을 가지다'라는 뜻으로 쓰인다. 이 노래에서는 동사로 쓰이고 있다. care가 동사로 쓰이는 예문들은 다음과 같다.

He doesn't **care** about her feelings.
(그는 그녀의 감정들에 대해서 상관하지 않는다.)

He doesn't care what happens to us.
(그는 우리에게 일어나고 있는 일에 신경쓰지 않는다.)

I don't care if they respect me. I could care less.
(나는 그들이 나를 존중하는지에 대해서는 신경쓰지 않아. 전혀 관심 없어.)

4. I can't resist your charms: can't resist your charms에서 **resist**는 일반적으로 '(어떤 일을 받아들이지 않고) 저항[반대]하다, (공격 등에) 저항하다'라는 뜻으로 주로 쓰인다. 그런데 resist의 다른 뜻인 '(몹시 하고 싶은 것을 하지 않고) 참다[견디다]'가 있는데 이 경우는 보통 부정문에서 쓰인다. 이 노래에서는 이런 뜻으로 쓰이고 있다. can't resist your charms는 '당신의 매력을 참을 수[견딜 수] 없다'는 글자 그대로 옮기는 것 보다 '당신은 너무나 매력적이다'또는 '당신의 매력에 매혹되었어요'라고 옮기는 것이 나을 듯 싶다. 예문들은 다음과 같다.

I finished the cake. I couldn't **resist** it.
(나는 그 케이크를 다 먹어 버렸다. 도저히 참을 수가 없었으니까.)

He couldn't resist showing off his new car.
(그는 자기 새 차를 자랑하고 싶은 유혹이 너무 견디기 힘들었다.)

I found the temptation to miss the class too hard to resist.
(나는 수업을 빼먹고 싶은 유혹이 너무 견디기 힘들었다.)

이와 비슷한 표현으로 영어에서 자주 쓰이는 예로 **can't wait**가 있다. 이것도 글자 그대로 '기다릴 수 없다, 빨리 끝나면 좋겠다'라는 뜻이지만 '너무 하고 싶다'라는 뜻으로 쓰인다. 예문들은 다음과 같다.

I **can't wait** to get back home.
(난 빨리 집에 돌아가고 싶어.)

"I can't wait to see it." "Same here."
("난 그게 너무 보고 싶어 기다릴 수가 없어." "나도 그래.")

The children can't wait for Christmas to come.
(아이들은 어서 크리스마스가 되기를 바라고 있다.) }

5. I'll be a fool for you: **be**는 '있다, 존재하다, 있다[위치하다], …이다' 등으로 쓰이지만, 가끔 become('…가 되다')과 같은 뜻으로 쓰인다. 이 노래에서는 이런 뜻으로 쓰이고 있다.

6. I'm sure: **I'm sure**는 '정말로, 분명히, 틀림없이'라는 뜻이다. 예문들은 다음과 같다.

I'm sure you'll think of a use for it.
(틀림없이 당신이 그것의 쓰임새를 생각해 내게 될 거예요.)

I'm sure Rose will outlive many of us.
(내가 확신하건대 로즈가 우리들 대부분보다 오래 살 거야.)

I'm sure she'll learn from her mistakes.
(그녀가 실수를 통해 깨우치게[깨우침을 얻게] 될 것으로 난 확신한다.)

7. You know I don't mind: don't mind에서 mind는 '언짢아하다, 상관하다. 개의하다, 마음에 꺼리다. 싫어하다'라는 뜻으로 쓰인다. 그리고 **not mind**로 쓰게 되면 '상관하지 [신경 쓰지] 않다'라는 뜻으로 쓰인다. 예문들은 다음과 같다.

Don't **mind** me—I'll just sit here quietly.

(전 신경 쓰지 마세요. 그냥 여기 조용히 앉아 있을게요.)

Don't mind her—she didn't mean what she said.

(그녀는 신경 쓰지 마. 그녀가 한 말은 진심이 아냐.)

"Would you like tea or coffee?" "I don't mind—either's fine."

("홍차를 드릴까요 커피를 드릴까요?" "상관없어요. 아무거나 괜찮아요.")

기억할 만한 영어 문장

1. There's only you in my life.
   (내 생애에는 오직 당신밖에 없어요.)
2. I want to share all my love with you.
   (나는 이 모든 사랑을 당신과 함께 나누고 싶어요.)
3. No one can deny this love I have inside.
   (아무도 내 마음 속에 있는 이런 사랑을 부인할 순 없어요.)

* 팝송 에세이

첫사랑의 연인에게서 느끼는 감정은 고조될 수밖에 없다. 사랑은 나누고 싶은 유일한 대상은 삶의 그 모든 것이라고 할 수 있다. "당신은 내가 내쉬는 모든 숨결입니다 / 당신은 내가 내딛는 모든 발걸음이기도 합니다 / 그리고 나 나는 이 모든 사랑을 당신과 함께 나누고 싶어요"가 이를 증명이라도 해주는 듯하다. 제대로 사랑을 할 때는 이 세상에 사랑하는 사람밖에 없다는 느낌은 사랑이 삶의 전부를 차지한다고 볼 수 있다.

사랑하게 되면 "두 심장, 두 심장이 하나가 되어 고동치고 있어요"와 같이 일반적으로 둘이 하나가 된다는 생각 또는 둘이 하나가 되고 싶은 생각이 보편적인 심리이다. 둘이 하나가 된다는 철학은 연금술에서 유래된 것이지만 달리 보면 고대 희랍 때부터 인류의 역사를 통해 죽 이어져 오는 생각이다. 다른 인격체 둘이 하나가 되고 싶은 욕망은 육체적 만남과 정신적 만남 양측에 해당된다고 볼 수 있다. 그러나 진정한 사랑은 상대방에 대한 관심과 배려에서 시작되고 성실한 만남 더 나아가 책임의식 전반에 걸쳐 종합적으로 나타나는 것이다.

사랑을 통해 예전에 깨닫지 못한 새로운 세계를 만나게 된다. 달리 말하면 첫사랑을 통해 "우리의 인생은 이제 막 시작된 겁니다"와 같이 삶에 있어서 다른 세계를 만들어가는 것이다.

다음 시는 십칠 세기 영국 형이상학파 대표 시인인 존 단(John Donne)의 "벼룩"(The Flea)이란 시에서 둘은 하나가 된다는 내용의 첫 번째 연을 소개한다.

"다만 이 벼룩을 잘 보오, 그리고 이 벼룩 속에서
그대 나를 거절함이 얼마나 사소한가를 잘 보오.
이 놈은 나를 먼저 빨고, 이젠 그대를 빨아,
이 벼룩 속에 우리 둘의 피가 섞었소.
그대는 알고 있소 이것이 죄나 수치나 처녀성의 상실이라 할 수 없음을.
그러나 이 놈은 구혼을 하기 앞서 즐기며,

두 피가 하나가 된 것 실컷 마셔 배불렀으니,

이는, 아아, 우리가 하고 싶은 이상이오."

★ 덧붙이는 글 ★

셋째 연 'Cause no one can deny this love I have inside에서 can 대신에 can't로 가사가 제시되어 있는 경우가 있는데, 이것은 의미상으로 잘못된 것이다.

두 번째 연 And love, oh love, I'll be a fool for you I'm sure 가사와 세 번째 연Oooh, and love oh love, I'll be that fool for you I'm sure 가사에서 a fool과 that fool로 노래를 부르고 있다. 이것은 처음과 사랑이 진행된 이후의 관계를 따져서 이루어진 표현이 아닐까 추측된다.

Perhaps Love

Sung by Plácido Domingo and John Denver

Perhaps love is like a resting place
A shelter from the storm
It exists to give you comfort
It is there to keep you warm
And in those times of trouble
When you are most alone
The memory of love will bring you home

Perhaps love is like a window
Perhaps an open door
It invites you to come closer
It wants to show you more
And even if you lose yourself
And don't know what to do
The memory of love will see you through

Oh, love to some is like a cloud
To some as strong as steel
For some a way of living
For some a way to feel
And some say love is holding on
And some say letting go
And some say love is everything
And some say they don't know

Perhaps love is like the ocean
Full of conflict, full of pain
Like a fire when it's cold outside
Thunder when it rains
If I should live forever

And all my dreams come true
My memories of love will be of you

And some say love is holding on
And some say letting go
And some say love is everything
And some say they don't know

Perhaps love is like the ocean
Full of conflict, full of pain
Like a fire when it's cold outside
Thunder when it rains
If I should live forever
And all my dreams come true
My memories of love will be of you

아마도 사랑은

플라시도 도밍고와 존 덴버의 노래

아마도 사랑은 휴식처와 같은 것이고
폭풍우를 피하는 은신처와 같은 것이고
사랑은 당신에게 위안을 주기 위해 존재하는 것이고
사랑은 당신을 포근히 감싸주기 위해 그곳에 있고
당신이 완전히 혼자 있을 때
사랑에 대한 추억은 당신을 가정으로 데려다 줄 거예요

아마도 사랑은 창문과도 같은 것
아마도 열린 문과도 같고
사랑은 당신을 좀 더 가깝게 오도록 요청하지요
사랑은 당신에게 더 많은 것을 보여주고 싶어 해요
그리고 심지어 당신이 길을 잃고
그리고 무얼 해야 할지 모를지라도
사랑에 대한 추억은 당신을 견디게 해줄 거예요

아, 사랑은 누군가에게 구름처럼 보이기도 하고
누군가에게 강철같이 단단한 것 같기도 하고
누군가에게는 삶의 방식이고
누군가에게는 느끼는 방식이고
그리고 누군가는 사랑은 견뎌나가는 것이라고 말하고
그리고 누군가는 자유롭게 해주는 것이라고 말하고
그리고 누군가는 사랑은 모든 것이라고 말하며
그리고 누군가는 그들이 모른다는 것이라고 말해요

아마도 사랑은 갈등과 고통으로 가득 찬 바다와도 같은 것이라고
바깥이 춥고 비가 오고 천둥이 칠 때 불과 같은 것이라고
만약 내가 영원히 살 수 있다면
그리고 내 모든 꿈이 실현된다면
사랑에 대한 추억은 오직 당신에 대한 것뿐이예요

* 영어 발음 제대로 듣거나 말하기

1) 이어지는 소리(연음)의 경우

(1) 약모음 이동

like a, most alone

like a에서 a가 약모음 [ə]가 되어 앞 낱말 끝부분에 가서 붙어 '라이커'로 발음된다. most alone에서 alone의 a가 약모음 [ə]가 되어 앞 낱말 끝부분에 가서 붙어 '모스터 론'으로 발음된다.

(2) 자음 이동

love is, times of, full of, when it, cold outside, memories of

love is에서 love의 자음 v가 뒤에 있는 낱말 앞부분에 가서 붙어 '러 비즈'로 발음된다. love의 끝에 있는 모음 e는 약하게 발음되기 때문에 무시해도 될 정도이다. times of에서 times의 자음 s가 뒤에 있는 낱말 앞부분에 가서 붙어 '타임 저브'로 발음된다. of는 기능어로 약하게 발음되기 때문에 [əv] 또는 [ə]로 발음된다. full of와 memories of도 마찬가지 경우이다. when it에서 when의 자음 n이 뒤에 있는 낱말 앞부분에 가서 붙어 '웨 닛'으로 발음된다. cold outside에서 cold의 자음 d가 뒤에 있는 낱말 앞부분에 가서 붙어 '콜 다웃사이ㄷ'로 발음된다.

2) 없어지는 소리(탈락)의 경우

don't know, what to, And some, should live

don't know에서 don't의 t는 자음 n과 know의 자음 k 사이에 놓이기 때문에 탈락되어 '던 노우'로 발음된다. 이와 같이 자음과 자음 사이에 놓이는 여섯 개의 파열음인 철자—k/g, p/b, t/d—사이에 놓여 탈락되는 예로 And some과 should live가 해당된다.

what to에서 what의 t와 to의 t가 겹쳐서 나타나기 때문에 앞의 t는 탈락되어 '와터'로 발음된다.

3) 닮는 소리(동화)의 경우

(1) 짧게 치고 나오는 소리(단타음화)

letting

letting에서 t(t)가 강모음과 약모음 사이에 놓이면 단타음(單打音)으로 되어 t도, d도, r도 아닌 발음이 된다. letting은 '레링'에 가깝게 발음된다. 이 소리는 한글로 정확하게 표기할 수 없으며 오직 소리로만 익힐 수밖에 없다. 특히 미국영어(American English)에서 두드러진 현상이다.

4) 줄어진 소리(축약)의 경우

don't

부정형인 don't가 있다.

5) 주의해야 할 발음

trouble, When, what, dreams, true

trouble과 true에서 'tr~'의 발음은 '츠__'와 '추'의 중간쯤 되는 소리로 '츄'에 가깝게 발음된다. trouble은 '트라블'이라기 보다 '츄라블'에 가깝게, true는 '트루'라기 보다 '츠루'에 가깝게 발음된다.

When과 what에서 wh~로 시작되는 낱말은 'w'뒤에 있는 'h'의 소리가 보통 들리지 않는다. 그러니까 When은 '휀'이라기 보다 '웬'에 가깝게, what은 '홧'이라기 보다 '왓'에 가깝게 발음된다. 그러나 사람과 관련된 who, whose, whom은 예외로 'h'의 소리가 그대로 난다.

dreams에서 'dr~'의 발음은 '드__'와 '주'의 중간쯤 되는 소리로 '쥬'에 가깝게 발음된다. dreams는 '드림즈'이라기 보다 '쥬림즈'에 가깝게 발음된다.

* 팝송에 들어 있는 쓸모 있는 영어 표현들

1. And even if you lose yourself: **even if**는 1) '…에도 불구하고[…이긴 하지만]; …라 하더라도'와 2) '(비록) …일지라도, (설사) …이라고 할지라도'라는 뜻으로 쓰인다. 이 노래에서는 1)의 뜻으로 쓰이고 있다.

1)의 예문들은 다음과 같다.

I'll get there, **even if** I have to walk.
(난 걸어서라도 거기 갈 거야.)

You should not waste things even if they are not yours.
(설사 자기 것이 아니더라도 물자를 낭비해서는 안 된다.)

Even if you love hamburgers, don't eat too much like Don!
(비록 여러분이 햄버거를 좋아할지라도, 단처럼 너무 많이 먹으면 안 돼요!)

2)의 예문들은 다음과 같다.

Yet **even if** they had no meat they could still survive.
(하지만 만약 그들이 고기를 먹지 않는다 해도 그들은 여전히 생존할 수 있다.)

Ducks never feel cold, even if they swim in cold water.
(오리는 찬 물에서 헤엄쳐도 절대 춥지 않다.)

Even if you are not thirsty or hungry, you must do this.
(목이 마르거나 배가 고프지 않다고 해도 반드시 이렇게 해야 합니다.)

lose oneself는 1) '길을 잃다, 자신(감)을 잃다'와 '몰두하다, ~에 폭 빠지다'라는 뜻으로 쓰인다. 이 노래에서는 1)의 뜻으로 쓰이고 있다.

1)의 예문들은 다음과 같다.

Don't **lose yourself**!
(너 자신을 잃지 마.)

You lost yourself to the void.
(너는 공허감에 너 자신을 잃었다.)

If she loses them, she loses herself.
(만약 그녀가 그들을 잃게 되면 자신을 잃을 것이다.)

2)의 예문들은 다음과 같다.

She **lost herself** in studying.
(그녀는 공부에 몰두했다.)

He lost himself in the brilliance of her eyes.
(그는 그녀의 영롱한 눈빛에 빠져 들었다.)

Michael held on to her arm, losing himself in the music.
(마이클은 그녀의 팔을 계속 붙잡은 채 음악에 몰입해 들어갔다.)

2. The memory of love will see somebody through: **see through**는 1) '(특정한 기간 동안) ~를[을] 도와[견디게 해] 주다/~가 ~을[를] 나도록[견디도록] 해 주다, 끝까지 지켜보다', 2) '(포기하지 않고) ~을[를] 끝까지 해내다'와 3) '꿰뚫어보다, ~을[를] 간파하다'라는 뜻으로 쓰입니다. 이 노래에서는 1)의 뜻으로 쓰이고 있다.

1)의 예문들은 다음과 같다.

I only have $20 to **see** me **through** the week.
(나는 한 주를 날 돈으로 이십 달러밖에 가지고 있지 않다.)

Her courage and good humour saw her through.
(그녀의 용기와 유머 감각이 그녀를 견디게 해 주었다.)

Those principles will see us through the recession.
(이런 원칙들을 우리는 불경기 내내 견디게 할 것이다.)

2)의 예문들은 다음과 같다.

I'd like to **see** it **through** to the end.
(나는 그 프로젝트를 끝까지 마무리하고 싶어요.)

She's determined to see the job through.
(그녀는 그 일을 끝까지 해내리라 작정하고 있다.)

As long as I have started this, I'd better see it through.
(내가 모처럼 시작한 일이니 끝을 봐야겠다.)

3)의 예문들은 다음과 같다.

I can **see through** your little game.
(당신의 되잖은 수작을 난 간파할 수 있어.)

We saw through him from the start.
(우리는 처음부터 그를 간파했다.)

We could see the moon through a break in the clouds.
(우리에게 구름이 갈라진 사이로 달이 보였다.)

3. To some as strong as steel: **as ~ as …**는 부사로 '…만큼 ~한, …처럼 ~한'이란 뜻으로 쓰인다. 일종의 비유법 가운데 직유(simile)에 해당된다.

He was **as** white **as** a sheet.
(그는 (얼굴이) 백지장처럼 새하얗다.)

Her mouth felt as dry as a bone.
(그녀는 입 안이 바싹 말라붙은 느낌이었다.)

The road continues as straight as an arrow.
(그 길은 화살처럼 계속 쭉 뻗어 있다.)

4. And some day love is holding on: **hold on**은 1) '(명령문 형태로 쓰여) 기다려[멈춰]'와 2) '(곤경 · 위험을) 견뎌[참아] 내다', 3) '~을[를] (제자리에) 고정시키다', 4) '(수동태로는 안 씀) (~을) 계속 잡고 있다'와 5) '(자기에게 유리한 것을) 고수하다, (팔거나 주지 않고) 계속 보유하다'라는 뜻으로 쓰인다. 이 노래에서는 2)의 뜻으로 쓰이고 있다.

1)의 예문들은 다음과 같다.

Hold on! This isn't the right road.
(멈춰! 이 길이 맞는 길이 아냐.)

Hold on please, I'm trying to connect you.
(잠깐 기다리세요. 저가 당신을 연결해 드리겠습니다.)

Hold on a minute while I get my breath back.
(내가 숨을 돌릴 때까지 잠깐 기다려.)

2)의 예문들은 다음과 같다.

I can't **hold on** much longer.
(난 더 이상 버틸 수 없어.)

I'm just too sleepy to hold on.
(저는 너무 졸려서 못 견디겠어요.)

I must be strong, have to hold on.
(난 강해져야 하고 견뎌야 해요.)

3)의 예문들은 다음과 같다.

It certainly helps it to **hold on**.
(벽에 붙을 수 있도록 도와주는 게 확실하고요.)

These nuts and bolts hold the wheels on.
(이 너트와 볼트들 덕분에 바퀴가 제자리에 붙어 있게 된다.)

Driftnets are fishing nets that are held on or just below the surface of a sea or lake.
(유자망은 바다나 호수 표면 혹은 그 아래에 고정되어 있는 어망이다.)

4)의 예문들은 다음과 같다.

Hold on, this is a bad road!
(꽉 잡아, 길이 안 좋아!)
Hold on and don't let go until I say so.
(내가 그러라고 할 때까지 놓지 말고 계속 잡고 있어.)
I hold on to the rail when I go down steep stairs.
(나는 가파른 계단을 내려갈 때 난간을 꼭 붙잡는다.)

5)의 예문들은 다음과 같다.

You should **hold on** to your oil shares.
(당신은 석유 주식들을 계속 보유하셔야 합니다.)

If you hold on to your dream, you can do it!
(당신이 꿈을 잃지 않으면 그 꿈을 이룰 수 있어요.)

I'd buy a few shares now, and just hold on to them.
(저라면 지금 몇 주 사서 보유하겠습니다.)

5. And all my dreams come true: **come true**는 '이루어지다, 실현되다'라는 뜻이다. 예문들은 다음과 같다.

I hope all your wishes **come true**.
(소망하는 일이 다 이루어지길 바랍니다.)

If I win, it will be a dream come true.
(만약에 내가 이긴다면 그것은 꿈이 실현되는 것이다.)

Winning the medal was like a dream come true.
(메달을 따는 것은 꿈을 이루는 것과 같았다.)

기억할 만한 영어 문장

1. Perhaps love is like a resting place.
(아마도 사랑은 휴식처와 같은 것이다.)
2. The memory of love will bring you home.
(사랑에 대한 추억은 당신을 가정으로 데려다 줄 거예요.)
3. The memory of love will see you through.
(사랑에 대한 추억은 당신을 견디게 해줄 거예요.)

* 팝송 에세이

이 곡은 세계 최고의 테너 중의 한 사람인 플라시도 도밍고와 자연과 환경을 생각하게 하는 컨트리 가수 존 덴버의 환상적인 듀엣이 만들어 낸 걸작이다. 팝과 클래식의 만남은 아름답고 서정적인 가사와 멜로디로 많은 대중들을 이해하기 쉬운 음악의 세계로 끌어들이고 있다.

이 노래는 약간 오래된 곡이긴 하지만 사랑이라는 테마의 다양한 모습을 알 수 있다. 비유적인 표현 가운데 '~처럼'이나 '~같은'방식으로 표현되는 직유법으로서의 사랑은 '휴식처', '은신처', '창문', '활짝 열린 문', '구름', '강철', '감정의 길', '바다'과 '불'과 같은 것이라는 표현이 등장한다. 이 노래에서 구체적으로 이런 항목의 특징을 제시하지 않고 있지만, 사랑으로 힐링이 되고 자기만의 세계가 아닌 보다 더 넓은 세계를 볼 수 있는 계기가 되거나 자신의 감정을 더 강하게 만들어주는 역할도 할 수 있음을 노래하고 있다.

비유적인 표현 가운데 'A는 B이다'라는 방식으로 표현되는 은유법으로 사랑은 '삶의 방식', '느끼는 방식', '견뎌나가는 것', '자유롭게 해주는 것', '모든 것'과 '모르는 것'이라고 이야기한다.

한편으로 이 노래에서 사랑의 기능을 이야기한다. 사랑은 위안을 주고, 포근히 감싸주고, 좀 더 가까이 다가오도록 하고, 더 많은 것을 보여주고, 우리들을 가정으로 인도해 준다고 노래한다. 사랑의 행위로 서로 만나기도 하고 헤어지기도 한다. 사랑의 과정이 갈등과 고통으로 가득 차 있기 때문에 그 과정이 순탄치 않음을 노래하기도 한다. 그렇지만 "내 모든 꿈이 실현된다면 / 사랑에 대한 추억은 오직 당신에 대한 것뿐이예요"라며 사랑의 대상이 당신이고 당신에 대한 추억만이 오로지 의미가 있는 것으로 남아있을 것이라고 마무리짓고 있다.

이 노래에서 사랑에 대한 비유적인 표현 가운데 직유법과 은유법을 전반적으로 사용하고 있다. 그렇다면 그 이유는 어디에 있을까? 사랑의 글자 그대로의 의미는 축소되어 너무 단순해진다. 사랑의 다양한 모습과 기능을 직유법과 은유법을 통해 좀 더 달리 표현하면서 압축된 언어로 표현함으로써 사랑의 진정한 의미를 더 깊이 파악하고자 하는 것이다. 사랑을 생긴 모습 그대로 표현하기에는 그 가치가 더 있는 것 같아서 고양된 언어인 비유법으로 표현하고 있는 것이다. 그렇다고 이런 비유법이 사랑을 충분히 표현한다고 볼 수 없기 때문에 여러 가지 다른 노래의 경우에 다른 비유가 등장하게 된다.

Paradise

Sung by Phoebe Cates

Could it be the little things you do to me
Like waking up beside you it's so new to me
Life can be so full of danger in the dark there lurks a stranger
I just can't imagine what he wants of me

When I'm with you it's paradise
No place on earth could be so nice
Through the crystal waterfall
I hear you call

Just take my hand it's paradise
You kiss me once I'll kiss you twice
And as I gaze into your eyes
I realize it's paradise

It's right out of something from a fairy tale
A terribly exciting and a scary tale
It's nothing I could ever make up
Am I dreaming will I wake up
Just to find out this is true reality

When I'm with you it's paradise
No place on earth could be so nice
Through the crystal waterfall
I hear you call

Just take my hand it's paradise
You kiss me once I'll kiss you twice
And as I gaze into your eyes
I realize it's paradise

Just take my hand it's paradise
You kiss me once I'll kiss you twice
And as I gaze into your eyes
I realize it's paradise

And as I gaze into your eyes
I realize it's paradise

낙원

피비 케이터즈의 노래

그게 당신이 내게 해 줄 수 있는 작은 일들일까요
그대 곁에서 눈을 뜨는 것처럼 그게 내겐 너무 낯설어요
삶은 위험으로 가득 차 있을 수 있어요 저곳 어둠 속에서 낯선 이가 기다리며 도사리고 있어요
난 당신이 내게 원하는 것을 단지 상상할 수 없어요

당신과 함께 있을 때 그게 낙원이에요
이 땅위의 어디에도 이렇게 좋을 수는 없을 거예요
수정 같은 폭포를 통해
당신이 나를 부르는 소리를 들어요

그저 내 손을 잡아주면 그게 낙원이에요
당신이 내게 한 번 입맞춤해주면 나는 당신에게 두 번 입맞춤해줄 게요
그리고 당신의 눈망울을 빤히 들여다보는 동안에
난 그게 낙원임을 알아차리고 있어요

이건 바로 동화에서나 나오는 일이예요
대단히 흥미롭고 무서운 이야기
그건 내가 만들어낼 수 있는 게 아니에요
꿈을 꾸는 것일까? 깨어있는 것일까?
그저 이게 정말 현실인지 알고 싶어요

당신과 함께 있을 때 그게 낙원이에요
이 땅위의 어디에도 이렇게 좋을 수는 없을 거예요
수정 같은 폭포를 통해
당신이 나를 부르는 소리를 들어요

그저 내 손을 잡아주면 그게 낙원이에요
당신이 내게 한 번 입맞춤해주면 나는 당신에게 두 번 입맞춤해줄 게요
그리고 당신의 눈망울을 빤히 들여다보는 동안에
난 그게 낙원임을 알아차리고 있어요

그저 내 손을 잡아주면 그게 낙원이에요
당신이 내게 한 번 입맞춤해주면 나는 당신에게 두 번 입맞춤해줄 게요
그리고 당신의 눈망울을 빤히 들여다보는 동안에
난 그게 낙원임을 알아차리고 있어요

그리고 당신의 눈망울을 빤히 들여다보는 동안에
난 그게 낙원임을 알아차리고 있어요

* 영어 발음 제대로 듣거나 말하기

1) 이어지는 소리(연음)의 경우

(1) 약모음 이동

lurks a

lurks a에서 a가 약모음 [ə]가 되어 앞 낱말 끝부분에 가서 붙어 '럭서'에 가깝게 발음된다.

(2) 자음 이동

Could it, full of, wants of, as I, from a, and a, make up, Am I, will I, find out, this is

Could it에서 Couldl의 자음 d가 뒤에 있는 낱말 앞부분에 가서 붙어 '쿠 릿'에 가깝게 발음된다. full of에서 full의 자음 ll가 뒤에 있는 낱말 앞부분에 가서 붙어 '후 러브'에 가깝게 발음된다. of는 기능어로 약하게 발음되기 때문에 [əv] 또는 [ə]로 발음된다. wants of도 마찬가지 경우이다. as I에서 as의 자음 s가 뒤에 있는 낱말 앞부분에 가서 붙어 '애 자이'로 발음된다. Am I와 will I도 마찬가지 경우이다. from a에서 from의 자음 m이 뒤에 있는 낱말 앞부분에 가서 붙어 '후라 머'에 가깝게 발음된다. and I도 마찬가지 경우이다. make up에서 make의 자음 k가 뒤에 있는 낱말 앞부분에 가서 붙어 '메이 컵'으로 발음된다. make의 끝 모음 e는 약하게 발음되기 때문에 무시해도 될 정도이다. find out에서 find의 자음 d가 뒤에 있는 낱말 앞부분에 가서 붙어 '화인 다웃'에 가깝게 발음된다. this is에서 this의 자음 s가 뒤에 있는 낱말 앞부분에 가서 붙어 '디 시즈'에 가깝게 발음된다.

2) 없어지는 소리(탈락)의 경우

it's so, just can't, could be, Just take, Just to, out this

it's so에서 it's의 s와 so의 s가 같은 철자로 겹쳐서 나오기 때문에 앞의 s가 탈락되어

'이 소우'로 발음된다. Just take와 Just to도 마찬가지 경우이다.

just can't에서 just의 t는 자음 s와 can't의 자음 c 사이에 놓이기 때문에 탈락되어 '저스 캔'으로 발음된다. 이와 같이 자음과 자음 사이에 놓이는 여섯 개의 파열음인 철자—k/g, p/b, t/d—사이에 놓여 탈락되는 예로 could be가 해당된다.

out this에서 out의 t는 this의 th- 발음 [ð]와 발음이 비슷하기 때문에 앞의 t가 탈락되어 '아우 디스'에 가깝게 발음된다.

3) 닮는 소리(동화)의 경우

little, what he, waterfall, out of, exciting

little에서 t(t)가 강모음과 약모음 사이에 놓이면 단타음(單打音)으로 되어 t도, d도, r도 아닌 발음이 된다. little은 '리를'에 가깝게 발음된다. 이 소리는 한글로 표기할 수 없으며 오직 소리로만 익힐 수밖에 없다. 특히 미국영어(American English)에서 두드러진 현상이다. what he, waterfall, out of와 exciting도 마찬가지 경우이다.

4) 줄어진 소리(축약)의 경우

I'm, it's, I'll

be 동사의 경우인 I'm과 it's와 도우미동사(조동사)의 경우인 I'll이 있다.

5) 주의해야 할 발음

can't, **what**, **When**, **dreaming**, **true**

can't는 can과 마찬가지로 도우미동사로 기능낱말이기 때문에 약하게 발음한다. 그런데 can't 다음에 자음이 나오기 때문에 탈락되는 경우가 대부분이어서 can은 [kən]으로 can't는 [kæn]으로 발음하기로 약속이 되어 있다. 그런데 can이 문장 가운데 들어가는 경우가 [kən]으로 주로 발음되고 문장의 끝에 들어가는 경우에는 [kæn]으로 발음되는 경우가 대부분이다. can't는 기본적으로 [kæn]으로 발음되면서 can 보다 약간 길게 발음되는 경향이 있다.

what과 **Wh**en에서 wh~로 시작되는 낱말은 'w'뒤에 있는 'h'의 소리가 보통 들리지 않는다. 그러니까 what은 '홧'이라기 보다 '왓'에 가깝게, When은 '휀'이라기 보다

'휀'에 가깝게 발음된다. 그러나 사람과 관련된 who, whose, whom은 예외로 'h'의 소리가 그대로 난다.

dreaming에서 'dr~'의 발음은 '드_'와 '주'의 중간쯤 되는 소리로 '쥬'에 가깝게 발음된다. dreaming은 '드리밍'이라기 보다 '쥬리밍'에 가깝게 발음된다.

true에서 'tr~'의 발음은 '츠__'와 '추'의 중간쯤 되는 소리로 '츄'에 가깝게 발음된다. true는 '트루'라기 보다 '츄루'에 가깝게 발음된다.

* 팝송에 들어 있는 쓸모 있는 영어 표현들

1. it's so new to me: **new**는 '새로운, 새'로 대부분 쓰인다. 이 노래의 경우에는 new가 '새로[처음] 시작한(그래서 잘 모르는), (잘 모르던 · 익숙하지 않아) 새로운'이란 뜻으로 뉘앙스의 차이가 있다. 그래서 이 노래에서는 경험에 대한 이야기이기 때문에 '새로운'을 '낯선'으로 옮겨 놓았다. 예문들은 다음과 같다.

I am **new**[unfamiliar] to the town.
(제가 (이곳에 처음 와서) 이 도시를 잘 몰라요.)

This is a new experience for me.
(이것은 나로서는 새로운 경험이다.)

I should tell you, I'm completely new to this kind of work.
(이 말씀을 드려야겠는데 제가 이런 종류의 일은 완전히 처음입니다.)

2. Life can be so full of danger: **be full of**는 '(…이) 가득하다, ~로[으로] 가득차 있다' 예문들은 다음과 같다.

The sky **is full of** stars.
(하늘에는 별이 가득 차 있다.)

You seem to be full of complaints.
(너 불만이 많아 보이네.)

Their promises turned out to be full of sham and hypocrisy.
(그들의 약속은 가식에 위선 투성이였음이 드러났다.)

3. in the dark there lurks a stranger: **lurk**는 '(특히 나쁜 짓을 하려고 기다리며) 숨어 있다[도사리다], (불쾌한 일 · 위험이) 도사리다'라는 뜻으로 쓰인다. 예문들은 다음과 같다. in the dark there lurks a stranger를 평범한 문장으로 바꾸면 A stranger lurks in the dark there.이다.

At night, danger **lurks** in these streets.
(밤에는 이들 거리에 위험이 도사리고 있다.)

Hidden dangers lurk in every family home.
(숨은 위험이 모든 가족에 잠재해 있다.)

Why are you lurking around outside my house?
(당신 왜 자꾸 내 집 밖에 도사리고 있는 거야?)

4. I hear you call: **hear you call**에서 일반적으로 주된 동사가 나오고 그 뒤에 목적어가 나온 후 그 뒤에는 to 부정사가 나오는 것이 정상적이다. 그런데 감각동사인 hear 다음에 목적어(you)가 오고 그 다음에 나오는 to 부정사는 to를 빼고 알몸동사(동사원형)(call)를 쓴다.

5. As I gaze into your eyes: **as**는 전치사로 '…처럼[같이], (자격 · 기능 등이) …로(서)', 부사로 '(as ~ as …로 쓰여) …만큼 ~한, …하는 것과 같이, -듯이'와 접속사로서 '…하는 동안에, …할 때, …대로, 때문에, -아서[-어서/-므로], -다시피[-듯이], -이긴 하지만'이란 뜻으로 쓰인다. 이 노래에서 as는 접속사로서 '…하는 동안에, …할 때'라는 뜻으로 쓰이고 있다. 예문들은 다음과 같다.

The play started **as** I got there.
(내가 그곳에 도착했을 때 그 연극은 시작되었다.)

He sat watching her as she got ready.
(그녀가 준비를 하는 동안 그는 앉아서 그녀를 지켜보고 있었다.)

As she grew older she gained in confidence.
(그녀는 나이가 들면서 자신감이 커졌다.)

gaze into는 '…을[를] 응시하다[바라보다, 주시하다]'라는 뜻으로 쓰인다. 예문들은 다음과 같다.

He **gazed into** the depths of her eyes.
(그는 그녀의 두 눈을 깊이 응시했다.)

He sat for hours just gazing into space.
(그는 그냥 허공을 바라보며 몇 시간을 앉아 있었다.)

She gazed into the murky depths of the water.
(그녀는 흐린 물속을 뚫어지게 들여다보고 있었다.)

6. It's nothing I could ever make up: **make up**은 1) '~을[를] 이루다[형성하다]', 2) '(여러 가지를 모아서) ~을[를] 만들다[구성하다]', 3) '화장[분장]을 하다', 4) '(~와) 화해하다', 5) '(잃어버린)~을[를] 대신하다, ~에 대해 보상하다', 6) '잠자리[임시로 잘 곳]를 마련해주다'와 7) '(특히 남을 속이거나 즐겁게 하기 위해 이야기 등을) 지어[만들어] 내다'라는 등의 다양한 뜻으로 쓰인다. 이 노래에서는 7)의 뜻으로 쓰이고 있다.

1)의 예문들은 다음과 같다.

Women **make up** 56% of the student numbers.
(여자가 학생 수의 오십육 퍼센트를 이룬다.)

Can you make up a foursome for tennis tomorrow?
(내일 테니스 치게 네 명 짜 볼 수 있겠어?)

Crime and illegal drug make up the city's major problems.
(범죄와 마약이 그 도시의 주요 문제이다.)

2)의 예문들은 다음과 같다.

Will you **make up** a medicine for my cold?
(저의 감기약을 조제해 주시겠어요?)

The pharmacist will make up your prescription.
(그 약사가 당신에게 처방된 약을 조제해 줄 것이다.)

Dance, art, literature, and music make up the arts.
(무용, 미술, 문학, 그리고 음악은 예술을 구성합니다.)

3)의 예문들은 다음과 같다.

I can't be bothered to **make up** my face.
(나는 내 얼굴에 애서 화장하고 싶어 하지 않는다.)

She spent too much time making herself up.
(그녀는 자신을 화장화는데 너무 많은 시간을 쓴다.)

People have to buy UV coating cosmetics and make up it.
(사람들은 이 자외선 차단 화장품을 사야 하는데, 그리고 그것을 발라야 한다.)

4)의 예문들은 다음과 같다.

Why don't you two kiss and **make up**?
(당신 두 사람 그냥 화해하지 그래요?)

I'd like to make up with you, if you'll let me.
(당신만 좋다면 저는 당신과 화해를 하고 싶어요.)

Let's just make up and forget the whole thing.
(우리 화해하고 전부 잊어버립시다.)

5)의 예문들은 다음과 같다.

Nothing can **make up** for the loss of a child.
(그 무엇도 잃어버린 자식을 대신할 수는 없다.)

How can I make up for the way I've treated you?
(어떻게 해야 내가 당신에게 한 처사에 대한 보상이 될까요?)

Can I leave early this afternoon and make up the time tomorrow?
(제가 오늘 오후에 조퇴하고 내일 그 시간만큼 보충하면 안 될까요?)

6)의 예문들은 다음과 같다.

I'll **make up** the bed in your old room.
(네가 예전에 쓰던 방에 잠자리를 마련해 줄게.)

We made up the bed in the spare room.
(우리는 안 쓰는 방에 잠자리를 마련했다.)

They made up a bed for me on the sofa.
(그들이 내가 소파에서 잘 수 있게 해 주었다.)

7)의 예문들은 다음과 같다.

He didn't **make up** these stories.
(그는 이 이야기들을 만들어내지 않았다.)

I told the kids a story, making it up as I went along.
(나는 이야기를 만들어 가면서 그 아이들에게 들려주었다.)

He made up some excuse about his daughter being sick.
(그는 딸이 아프다고 무슨 변명을 지어 냈다.)

7. Just to find out this is true reality: **find out**는 1) '~의 잘못을 적발하다', 2) '(~에 대해) (~을) 알아내다[알게 되다]'와 3) '(조사하여) 발견하다, 생각해 내다; (해답을) 얻어내다; (수수께끼를) 풀다'라는 뜻으로 쓰인다. 이 노래에서는 2)의 뜻으로 쓰이고 있다.

1)의 예문들은 다음과 같다.

The teacher **found** them **out** cheating.
(그 교사는 그들의 부정행위를 적발했다.)

Her face was so grave, I wondered for a moment if she'd found me out.
(그녀의 얼굴이 아주 진지했다. 나는 잠시 동안 그녀가 나를 적발한 건 아닌지 궁금해 했다.)

He had been cheating the taxman but it was years before he was found out.
(그가 계속 세무서를 속여 왔었지만 수년이나 지나서야 적발되었다.)

2)의 예문들은 다음과 같다.

You'll soon **find out** who's who in the office.
(당신은 곧 사무실 내의 사람들이 누가 누구인지 파악하게 될 겁니다.)

If the newspapers find out, he's finished in politics.
(만약 신문사들이 알게 되면 그의 정치 생명은 끝이다.)

She'd been seeing the boy for a while, but didn't want her parents to find out.
(그녀는 그 남자애를 오랫동안 만나 왔지만 부모님이 알게 되기를 원하지 않았다.)

3)의 예문들은 다음과 같다.

We didn't **find out** until it was happening.

(우리는 그 것이 일어날 때 까지 찾아내지 못했다.)

If there has been any funny business, we'll soon find out.

(무슨 의심스러운 일이 있었다면 우리가 곧 알아낼 것이다.)

How did people find out that they were lied to?

(어떻게 사람들이 자신들이 속았다는 것을 알 수 있었을까?)

기억할 만한 영어 문장

1. Life can be so full of danger.

   (삶은 위험으로 가득하지요.)

2. When I'm with you it's paradise.

   (당신과 함께 있을 때 그게 낙원이에요.)

3. I just can't imagine what he wants of me.

   (난 당신이 내게 원하는 것을 단지 상상할 수 없어요.)

* 팝송 에세이

이 노래는 사랑하는 연인과 함께 있을 때 천상의 낙원인 천국이라고 생각한다. 천국은 사랑하는 사람이 손을 잡아 줄 때, 사랑하는 사람의 눈망울을 응시할 때 천국은 느껴진다. 어쩌면 사랑하는 사람들 사이의 세계인 낙원은 이처럼 단순하고 쉽게 생각될 수 있다. 그저 연인이 앞에 있는 것만으로, 연인의 눈망울을 쳐다볼 때 느껴지는 그 기분만으로, 그저 손 잡아주고 한 번 입맞춤 해주는 것만으로, 함께 있는 것만으로 온 세상을 얻은 것과 같고 아무 근심이나 걱정이 없이 즐거움이 넘쳐나는 곳인 낙원이 될 수 있다는 것은 단순하면서도 소박한 느낌이 든다.

"당신의 눈망울을 빤히 들여다보는 동안에 / 난 그게 낙원임을 알아차리고 있어요"라는 표현에서 사랑하는 이들은 사후에 찾아 올 천국 또는 낙원에 대해서 이야기하는 것은 아닐 것이다. 그저 한 폭의 정지된 그림 속에 사랑하는 남녀의 모습을 보고 그 광경이 낙원과 같다는 것이다. 어떻게 보면 현재 상황에 최고의 흡족한 상태를 낙원이라고 지칭한다고 볼 수 있다. 사랑하는 사이에 있어서 대상을 바라보는 첫 관문은 눈망울이다. 눈망울은 마음의 창이라고 하듯이 눈에 이미 마음의 상태, 감정 및 느낌이 상당한 부분 드러나기 때문에 눈만 보면 큰 틀에서 상대방의 심리를 파악할 수 있고 판단할 수 있을 것이다. 그래서 자주 사랑하는 관계에서 눈을 통한 상대방 파악이 주를 이룬다. 프로가 아닌 대다수 사람들의 경우 한 눈에 자신의 감정이나 느낌을 속이지 못한다. 대개 모든 심적 상태가 눈에 드러나기 때문이다. 그래서 눈망울에 그대로 드러난 모습에서 흡족함을 느끼게 될 때 낙원이라고 생각할 수 있는 것이다.

"꿈을 꾸는 것일까? 깨어있는 것일까? / 그저 이게 정말 현실인지 알고 싶어요"에서 낙원처럼 느껴질 때 어떻게 생각해보면 꿈인지 현실인지 헷갈릴 수 있을 것이다. 꿈 같기도 하고 현실 같기도 한 상황이나 상태는 최고로 만족한 상태를 표현한다고 볼 수 있다. 일반적으로 꿈과 현실 또는 꿈과 현실과의 갈등이 인간의 삶에 있어서 끊임없이 따라 다니는 주제이다. 그 갈등을 문학 작품 속에 반영하는 경우가 대부분이지만,

일반인들의 현실적인 삶에서도 꿈과 현실의 문제가 따라다니는 것이다. 엄격하게 이야기하면 꿈과 현실의 구분이 쉽게 되지 않는 것이 일반적이다. 그러나 사람들의 의식은 꿈과 현실이 분리되어 있는 것처럼 생각한다. 달리 표현하면 꿈과 현실은 손등과 손바닥과의 관계이어서 분리시켜 생각할 수 없는 대상이다.

★ 덧붙이는 글 ★

첫째 연 세 번째 줄의 in the dark lurks a stranger에서 lurks가 lots of로 되어 있는 경우도 있다. lots of를 넣어도 의미상으로 통할 수 있을 것 같지만 뒤에 나오는 a stranger가 단수로 되어 있기 때문에 틀린다고 볼 수 있다.

셋째 연의 세 번째 줄의 And as I gaze into your eyes가사는 실제 노래에서는 And가 나타나지 않지만 대부분의 가사에 And가 들어 있기 때문에 제시는 해 놓았다.

Your Eyes

Sung by Cook Da Books

Your eyes Opened wide as I looked your way
Couldn't hide what they meant to say
Feeling lost in a crowded room
It's too soon for a new love

When you smile your eyes show your heart
Lost inside a suit torn apart
Feeling alone with people around
True love is so hard to find now
You think you're so misunderstood

I'd explain if only I could
Something tells me this time it's real
The way that I feel

Your eyes like the blue in the summer skies
Caught my gaze as I looked across
Feeling lost in a magic maze
It's too soon for a new love
You can't hide that look in your eyes
Open wide you seem so surprised

Searching around for somebody now
True love is hard to find now
When you smile your eyes show your heart
I feel mine is falling apart
Don't you see the way that I feel
My loving is real

Your eyes Opened wide as I looked your way
Couldn't hide what they meant to say
Feeling lost in a crowded room
It's too soon for a new love

When you smile your eyes show your heart
Lost inside a suit torn apart
Feeling alone with people around
True love is so hard to find now
You think you're so misunderstood

I'd explain if only I could
Something tells me this time it's real
The way that I feel

When you're lost your eyes show you how
I should like to know I'm a part
When your eyes shine I'll know you're mine
For all of the time

당신의 눈망울

쿡 다북스의 노래

내가 당신의 행동 방식을 보았을 때 놀랐던 당신의 눈
그 눈빛이 무엇을 말하려는지 숨길 수 없었어요
붐비는 방안에서는 느낄 수 없지만
새로운 사랑을 느끼기에 너무 이른 것 같아요

당신이 미소를 지을 때 당신의 눈망울은 당신의 마음이 드러나고 있어요
마음이 갈피를 잡지 못하고 정장이 갈갈이 찢겨지고
사람들이 내 주변에 있어도 외로움을 느끼며
진정한 사랑은 지금 찾기가 어려워요
당신은 그렇게 제대로 인정받지 못한다고 당신은 생각하고 있어요

내가 할 수 있다면 내가 기꺼이 설명할 게요
무언가가 이때가 현실이라고 나에게 알려주어요
내가 느끼는 방식을

여름 하늘에 파란색과 같은 당신의 눈빛이
내가 그냥 쳐다보았을 때 내 눈길을 사로잡았어요
마법 같은 미로 속에 길을 잃은 기분을 느끼며
새로운 사랑을 느끼기에 너무 이른 것 같아요
당신은 당신의 눈망울에 담긴 표정을 감출 수 없어요
너무도 놀란 것처럼 보이는 커다랗게 뜬 당신의 눈동자

지금 누군가를 주위에서 찾으며
진정한 사랑은 지금 찾기가 어려워요
당신이 미소를 지을 때 당신의 눈망울은 당신의 마음이 드러나고 있어요
내 마음이 허물어지고 있다고 난 느끼고 있어요
내가 느끼는 방식을 모르시나요
내가 사랑하는 것은 현실이에요

내가 당신의 행동 방식을 보았을 때 놀랐던 당신의 눈
그 눈빛이 무엇을 말하려는지 숨길 수 없었어요
붐비는 방안에서는 느낄 수 없지만
새로운 사랑을 느끼기에 너무 이른 것 같아요

당신이 미소를 지을 때 당신의 눈망울은 당신의 마음이 드러나고 있어요
마음이 갈피를 잡지 못하고 정장이 갈갈이 찢겨지고
사람들이 내 주변에 있어도 외로움을 느끼며

진정한 사랑은 지금 찾기가 어려워요
당신은 그렇게 제대로 인정받지 못한다고 당신은 생각하고 있어요

내가 할 수 있다면 내가 기꺼이 설명할 게요
무언가가 이때가 현실이라고 나에게 알려주어요
내가 느끼는 방식을

당신이 방황할 때 당신의 눈망울은 어떠한가를 보여줘요
내가 일부인 것을 난 알고 싶어요
당신의 눈망울이 빛날 때 당신이 내가 사랑하는 사람이라는 것을 알게 될 거에요
영원히

* 영어 발음 제대로 듣거나 말하기

1) 이어지는 소리(연음)의 경우

(1) 약모음 이동

in a, for a, inside a, torn apart, Feeling alone, people around, looked across, Searching around, falling apart, I'm a

in a에서 a가 약모음 [ə]가 되어 앞 낱말 끝부분에 가서 붙어 '이너'로 발음된다. for a, inside a와 I'm a도 마찬가지 경우이다. torn apart에서 apart의 a가 약모음 [ə]가 되어 앞 낱말 끝부분에 가서 붙어 '토너 파트'로 발음된다. Feeling alone, people around, looked across, Searching around와 falling apart도 마찬가지 경우이다.

(2) 자음 이동

as I, lost in, lost inside, love is, look in, all of

as I에서 as의 자음 s가 뒤에 있는 낱말 앞부분에 가서 붙어 '애 자이'로 발음된다. lost in에서 lost의 자음 t가 뒤에 있는 낱말 앞부분에 가서 붙어 '로스 틴'으로 발음된다. lost inside에서 lost의 자음 t가 뒤에 있는 낱말 앞부분에 가서 붙어 '로스 틴사이드'로 발음된다. love is에서 love의 자음 v가 뒤에 있는 낱말 앞부분에 가서 붙어 '러 비즈'로 발음된다. love의 끝에 있는 모음 e는 약하게 발음되기 때문에 무시해도 될 정도이다. look in에서 look의 자음 k가 뒤에 있는 낱말 앞부분에 가서 붙어 '루 킨'으로 발음된다. all of에서 all의 자음 ll가 뒤에 있는 낱말 앞부분에 가서 붙어 '올 러브'로 발음된다. of는 기능어로 약하게 발음되기 때문에[əv] 또는 [ə]로 발음된다.

2) 없어지는 소리(탈락)의 경우

Opened wide, looked your, Couldn't hide, what they, meant to, crowded room, eyes show, is so, hard to, summer, can't hide, hide that, eyes shine

Opened wide에서 Opened의 -ed 발음 [d]가 자음 n과 wide의 자음 w 사이에 놓이기 때문에 탈락되어 '오픈 와이드'로 발음된다. crowded room도 마찬가지 경우이다.

looked your에서 looked의 -ed 발음 [t]가 자음 k와 your의 자음 y 사이에 놓이기 때문에 탈락되어 '룩 유어'로 발음된다.

Couldn't hide에서 Couldn't의 t는 자음 n과 hide의 자음 h 사이에 놓이기 때문에 탈락되어 '쿠든 하이드'로 발음된다. 이와 같이 자음과 자음 사이에 놓이는 여섯 개의 파열음인 철자—k/g, p/b, t/d—사이에 놓여 탈락되는 예로 can't hide가 해당된다.

what they에서 what의 t와 they의 th- 발음 [ð]가 비슷하기 때문에 앞의 t가 탈락되어 '와 데이'에 가깝게 발음된다. eyes show과 eyes shine도 마찬가지 경우이다.

meant to에서 meant의 t와 to의 t가 겹쳐서 나오기 때문에 앞의 t가 탈락되어 '멘터'로 발음된다. is so와 summer도 마찬가지 경우이다.

hard to에서 hard의 d와 to의 t는 같은 위치에서 소리가 나기 때문에 앞의 d가 탈락되어 '하 터'로 발음된다.

hide that에서 hide의 d와 that의 th- 발음 [ð]가 발음이 비슷하기 때문에 앞의 d가 탈락되어 '하이 댓'에 가깝게 발음된다.

3) 닮는 소리(동화)의 경우

looked you, that I, Don't you, lost your

looked you에서 looked의 -ed 발음 [t]와 you의 y[j]가 합쳐져 서로 닮아서 [tʃ]로 바뀌어 '루커츄'에 가깝게 발음된다. 따라서 이런 현상은 영국영어(British English)보다 미국영어(American English)에서 자주 나타나는 현상이다. Don't you와 lost your도 마찬가지 경우이다.

that I에서 t가 강모음과 약모음 사이에 놓이면 단타음(單打音)으로 되어 t도, d도, r도 아닌 발음이 된다. that I는 '대라이'에 가깝게 발음된다. 이 소리는 한글로 표기 할 수 없으며 오직 소리로만 익힐 수밖에 없다. 특히 미국영어(American English)에서 두드러진 현상이다.

4) 줄어진 소리(축약)의 경우

Couldn't, It's, you're, I'd, Don't, I'll

부정형인 Couldn't와 Don't, be 동사의 경우인 It's와 you're, 도우미동사(조동사)의 경우인 I'd와 I'll이 있다. 이 가운데 I'll에서 'll이 한국인이 발음하기에 가장 힘든 예이다. 그 이유는 'll은 will의 줄인 형태인데 'll'이 한국어에 없는 발음으로, 'l'은 혀를 입천장에 붙여서 소리를 내야 하는데, 한국어에는 이렇게 소리를 내는 것이 없기 때문이다.

5) 주의해야 할 발음

When, True, can't

When에서 wh~로 시작되는 낱말은 'w'뒤에 있는 'h'의 소리가 보통 들리지 않는다. 그러니까 When은 '휀'이라기 보다 '웬'에 가깝게 발음된다. 그러나 사람과 관련된 who, whose, whom은 예외로 'h'의 소리가 그대로 난다.

true에서 'tr~'의 발음은 '츠___'와 '추'의 중간쯤 되는 소리로 '츄'에 가깝게 발음된다. true는 '트루'라기 보다 '츄루'에 가깝게 발음된다.

can't는 도우미동사로 기능낱말이기 때문에 약하게 발음한다. 그런데 can't 다음에 자음이 나오기 때문에 탈락되는 경우가 대부분이어서 can은 [kən]으로 can't는 [kæn]으로 발음하기로 약속이 되어 있다. 그런데 can이 문장 가운데 들어가는 경우가 [kən]으로 주로 발음되고 문장의 끝에 들어가는 경우에는 [kæn]으로 발음되는 경우가 대부분이다. can't는 기본적으로 [kæn]으로 발음되면서 can 보다 약간 길게 발음되는 경향이 있다.

* 팝송에 들어 있는 쓸모 있는 영어 표현들

1. as I looked your way: **look your way**에서 way는 여러 가지 뜻으로 쓰이고 있는데 이 노래에서는 '특정한 행동 방식이나 태도'을 일컫는다고 볼 수 있다. 심한 경우 '사랑을 느낀다'고 옮기는 경우도 있는데, 이것은 너무 나간 해석으로 보인다.

2. Couldn't hide what they meant to say: **mean to 부정사**는 '뜻하다, 의도하다, 예정[계획하다, 꾀하다, ~할 작정이다. ~할 뜻을 품다, ~할 셈이다'라는 뜻으로 쓰인다. 예문들은 다음과 같다.

   He didn't **mean to do** it.
   (그는 그런 일을 할 생각은 아니었다.)

   I didn't mean to hurt you.
   (나는 당신을 헤칠 생각은 없었다.)

   I can't understand what you really mean to do.
   (너의 저의를 알 수 없다.)

3. When you smile your eyes show your heart: **show**는 '(감정 · 자질이[을] 보이다 [드러나다/드러내다]'라는 뜻으로 쓰인다. 예문들은 다음과 같다.

   Fear **showed** in her eyes.
   (그녀의 눈에 두려움이 보였다.)

   She's nearly forty now. And it shows.
   (그녀는 이제 거의 마흔이다. 그리고 그것이 (뚜렷이) 드러난다.)

   She tried not to let her disappointment show.
   (그녀는 실망감이 드러나지 않도록 애를 썼다.)

4. Lost inside a suit torn apart: torn apart에서 torn의 기본 현재형은 tear이다. **tear apart**는 1) tear sth apart로 쓰여 '~을[를] 갈가리 찢어[뜯어] 버리다', 2) tear sb apart로 쓰여 '(불행 · 걱정으로) ~의 가슴이 찢어지게[미어지게] 하다, 의

평온[마음]을 헤집다', 3) tear sb/sth apart로 쓰여 '~을[를] 완전히 쳐부수다; ~를 마구 헐뜯다[혹평하다], 꾸짖다'와 4) '허물다, 해체하다'라는 뜻으로 쓰인다. 이 노래에서는 2)의 뜻으로 쓰이고 있다.

1)의 예문들은 다음과 같다.

The dogs **tore** the fox **apart**.
(그 개들은 그 여우를 완전히 물어뜯어 놓았다.)

The cover of the book is so thin that it may tear apart.
(책 표지가 너무 얇아서 뜯어질 것 같다.)

Plate movement caused this supercontinent to tear apart.
(층의 운동은 이 초대륙이 찢어지게 만들었다.)

2)의 예문들은 다음과 같다.

Don't think it hasn't **torn** me **apart** to be away from you.
(당신과 떨어져 지내는 것이 내 가슴이 미어진다고 생각마세요.)

It tears me apart to think I might have hurt her feelings.
(내가 그녀의 마음을 상하게 했을지도 모른다고 생각하니 가슴이 찢어지는 듯하다.)

She was torn apart by the struggle within her between her desires and her conscience.
(그녀는 그녀의 욕망과 그녀의 양심 사이에서 그녀의 내부에 있는 투쟁으로 마음이 미어졌다.)

3)의 예문들은 다음과 같다.

The critics **tore** his last movie **apart**.
(비평가들이 그의 최신 영화를 마구 혹평했다[난도질을 했다].)

We tore the other team apart in the second half.
(우리는 후반전에 상대 팀을 완전히 격파했다.)

I'll tear that boy apart when he comes home: look what he's done now!
(나는 그가 집에 올 때 '그가 지금 한 일이 무언지 보라고!'그 아이를 꾸짖을 것 이다.)

4)의 예문들은 다음과 같다.

The country was **torn apart** by strife.
(그 나라는 갈등으로 분열되었다.)

It is politically threatened to tear apart.
(그것은 정치적으로 해체될 위기에 처해있다.)

A hurricane tore apart houses with explosive force.
(태풍은 폭발적인 힘으로 집들을 산산조각 냈다.)

5. You think you're so misunderstood: **misunderstood**는 '제대로 이해[인정] 받지 못하는, 오해를 받는'이란 뜻으로 쓰이는 형용사로서 보어 역할을 하고 있다. 예문들은 다음과 같다.

She felt very alone and **misunderstood**.
(그녀는 몹시 외롭고 제대로 인정을 못 받는다는 기분이 들었다.)

He was anxious not to be misunderstood.
(그는 오해를 받지 않기를 간절히 바랐다.)

Victorian values are much misunderstood.
(빅토리아조의 근엄한 가치관은 상당히 잘못 인식되어 있다.)

6. I'd explain if only I could: I'd는 I would이고, **if only**는 '…이면 좋을 텐데[…였다면 좋았을 텐데](소망을 나타냄)'라는 뜻이다. 예문들은 다음과 같다.

If only you hadn't felt compelled to meddle.
(네가 무리하게 참견하지 않았었더라면 좋았을 텐데.)

If only he could conceal his part in the accident.
(만약 그가 그 사고에 관여한 것을 숨길 수만 있다면.)

If only he could conceal his part in the accident.
(만약 그가 그 사고에 관여한 것을 숨길 수만 있다면.)

7. Something tells me this time it's real: **tell**은 '말하다, (말 · 글로) 알리다[전하다]'라는 뜻으로 대부분 쓰이지만, 여기서는 '알려[보여]주다'라는 뜻으로 이해할 수 있다.

8. Your eyes like the blue in the summer skies: 여기서 **blue**는 '파란, 푸른, 우울한, 외설적인'이란 뜻의 형용사가 아닌 '파란[푸른]색'의 뜻인 명사이다. 참고로 **out of**

the blue는 습관적으로 쓰여 '갑자기, 난데없이, 느닷없이, 뜬금없이'라는 뜻이다. 예문들은 다음과 같다.

blue가 명사로 쓰인 경우

She was dressed in **blue**.
(그녀는 파란색 옷을 입고 있었다.)

The hall was carpeted in blue.
(그 홀에는 푸른색 카펫이 깔려 있었다.)

The room was decorated in vibrant blues and yellows.
(그 방은 강렬한 청색과 노란색으로 장식되어 있었다.)

out of the blue로 쓰인 경우

The decision came **out of the blue**.
(그 결정은 갑자기 나왔다.)

I got a phone call from Jane out of the blue.
(나는 제인의 느닷없는 전화를 받았다.)

Out of the blue, she said she wanted to go on a trip.
(뜬금없이 그녀는 여행을 가고 싶다고 했다.)

9. You can't hide that look in your eyes: **look**은 동사로 자주 쓰이는 '보다,바라[쳐다]보다 등'이 아니라, 명사로 '(눈 · 얼굴의) 표정'을 뜻한다. 예문들은 다음과 같다.

She had a worried **look** on her face.
(그녀는 얼굴에 걱정스러운 표정을 띠고 있었다.)

He didn't like the look in her eyes.
(그는 그녀의 눈에 담긴 표정이 마음에 들지 않았다.)

She expressed her willingness by her look.
(그녀는 표정으로써 승낙의 뜻을 나타냈다.)

10. Searching around for somebody now: **search for**는 '~를[을] 찾다'라는 뜻이다.

11. I feel mine is falling apart: **fall apart**는 '다 허물어질[부서질] 정도이다, 결딴나다'라는 뜻이다. 예문들은 다음과 같다.

Europe's monetary system is **falling apart**.
(유럽의 통화 제도가 붕괴되고 있다.)

Our university system is in danger of falling apart at the seams.
(우리의 대학 시스템이 와해될 위험에 처해 있다.)

She was falling apart at the seams, spending most of her time in tears.
(그녀는 완전히 허물어져서 대부분의 시간을 눈물로 보냈다.)

12. When you're lost your eyes show you how: **be lost**는 '행방불명이 되다, 길을 잃다'라는 글자 그대로의 뜻이 있지만, 이 노래에서는 비유적인 표현으로서 길을 잃고 어디를 가야할 지 모르듯이 목표의식을 잃고 막막한 상황에 놓이는 경우이다.

13. For all of the time: **all of the time**는 '모든 경우'라는 뜻인데, 여기서는 '항상, 늘. 영원히'라는 뜻으로 보면 될 것이다. 예문들은 다음과 같다.

Animals have to live in small cages **all of the time**.
(동물들은 항상 작은 우리 안에서 살아야 해.)

He has a lot of ability, but he doesn't use it all the time.
(그는 많은 능력을 가지고 있지만 항상 활용하질 못한다.)

Most of politicians think that they know best all the time.
(대부분의 정치인들은 늘 자기밖에 없다고 생각한다.)

기억할 만한 영어 문장

1. It's too soon for a new love.
(새로운 사랑을 느끼기에 너무 이른 것 같아요.)
2. True love is so hard to find now.
(진정한 사랑은 지금 찾기가 어려워요.)
3. When you smile your eyes show your heart.
(당신이 미소 지을 때 당신의 눈망울은 당신의 마음이 드러나고 있어요.)

* 팝송 에세이

이 노래에서 마주하고 있는 연인의 눈망울을 통해 아직도 사랑을 제대로 실현시키기에 어려움이 뒤따른다는 사실을 느끼고 있다. 일반적으로 눈망울은 마음의 창이라고 한다. 따라서 눈망울에 비친 또는 눈망울에 나타난 모습을 보고 사랑하는 상대는 이미 마음을 파악하고 읽고 있는 것이다. 대개 사랑하는 사이의 연인들은 눈망울이 사랑을 확인하는 창구가 되는 데 이 노래에서는 눈망울이 사랑을 하기에 아직 이르다는 것을 확인하는 창구가 되고 있다.

눈에 비춰진 놀란 모습, 갈피를 잡지 못하는 마음도 눈에 나타나고, 마법 같은 미로 속에 길을 잃은 듯한 모습이 눈길에 드러나고, 미소를 지어도 오히려 그 미소 때문에 마음이 허물어지는 듯한 느낌이 들고, 행동 방식을 보자 놀란 눈빛을 보이고 있음을 모두 눈망울을 통해 파악하고 있다.

그래서 사랑하는 연인의 눈망울을 빤히 관찰하는 사람은 "새로운 사랑을 느끼기에 너무 이른 것 같아요"와 "진정한 사랑은 지금 찾기가 어려워요"를 통해 안타까움을 나타내고 있다. 이런 현실을 인식하고 있고 자신이 전부가 아닌 일부라는 점을 알면서도 "당신의 눈망울이 빛날 때 당신이 내가 사랑하는 사람이라는 것을 알게 될 거예요 / 영원히"라는 여전히 희망을 갖고 계속해서 시간을 두고 기다리겠다는 마음을 전한다.

사랑하는 사람을 가까이 붙들어두고 싶지만 붙들 수 없는 상황, 여전히 미련이 남지만 그 미련을 실현시킬 수 없는 어찌 수 없는 상황, 비난할 이유도 없기에 비난할 수도 없는 상황, 손을 내밀고 싶지만 손을 내밀지 못하는 상황, 모든 걸 책임질테니 떠나지 말라고 간청할 수도 없는 상황은 사랑하는 사이에서도 드물게 일어나는 경우이다. 싫어서도 아니고 미워서도 아닌데 보내야 할 상황에 처하게 되면 일단 멍해질 수밖에 없을 것이다. 이제 앞으로 다가 올 시간의 흐름에 살짝 어깨를 기대는 수밖에.

★ 덧붙이는 글 ★

첫째 연의 가사 Your eyes Opened wide as I looked your way에서 Opened의 O가 대부분 대문자로 소개되어 있다. 소문자로 되어 있는 가사 소개들도 있지만... 눈을 활짝 떤 모습을 그릴려고 했나라는 상상을 해본다.

Last Christmas

Sung by Wham

Last Christmas
I gave you my heart
But the very next day you gave it away
This year
To save me from tears
I'll give it to someone special

Last Christmas
I gave you my heart
But the very next day you gave it away
(You gave it away)
This year
To save me from tears
I'll give it to someone special (special)

Once bitten and twice shy
I keep my distance
But you still catch my eye
Tell me baby
Do you recognize me?
Well, it's been a year
It doesn't surprise me

(Happy Christmas!)

I wrapped it up and sent it
With a note saying "I love you,"I meant it
Now I know what a fool I've been
But if you kissed me now
I know you'd fool me again

Last Christmas
I gave you my heart
But the very next day you gave it away
(You gave it away)
This year
To save me from tears
I'll give it to someone special (special)

Last Christmas
I gave you my heart
But the very next day you gave it away
This year
To save me from tears
I'll give it to someone special (special)
(Oooh)
(Oooh oooh baby)

A crowded room
Friends with tired eyes
I'm hiding from you
And your soul of ice
My god I thought you were
Someone to rely on
Me?
I guess I was a shoulder to cry on

A face on a lover with a fire in his heart
A man undercover but you tore me apart
Oooh oooh
Now I've found a real love you'll never fool me again

Last Christmas
I gave you my heart
But the very next day you gave it away
(You gave it away)

This year
To save me from tears
I'll give it to someone special (special)

Last Christmas
I gave you my heart
But the very next day you gave it away
This year
To save me from tears
I'll give it to someone special (special)

A face on a lover with a fire in his heart
(Gave you my heart)
A man under cover but you tore me apart
(Next year)
I'll give it to someone
I'll give it to someone special (special)
(Someone)

지난 크리스마스

왬의 노래

지난 크리스마스에
난 당신에게 내 마음을 주었죠
하지만 그 바로 다음 날 당신은 그걸 거절했죠
올해엔
눈물을 흘리지 않기 위해
난 그걸 특별한 사람에게 내 마음을 주려고요

지난 크리스마스에
난 당신에게 내 마음을 주었죠
하지만 그 바로 다음 날 당신은 그걸 거절했죠
(당신은 그걸 거절했죠)
올해엔
눈물을 흘리지 않기 위해
난 그걸 특별한 사람에게 마음을 주려고요 (특별한)

한번 상처를 받아서 두 번째는 두렵네요
난 적당히 거리를 유지하려고 하지만
그런데 당신은 여전히 내 눈길을 끄네요
사랑하는 이여 나에게 말해봐요
당신은 날 알아보겠어요?
글쎄요 일 년이 되었죠
전 그게 나에게 놀랍지가 않아요

(크리스마스 즐겁게 보내세요)

내가 선물을 포장해서 보냈어요
"당신을 사랑해요"라는 쪽지와 함께. 정말 그랬거든요
이젠 내가 얼마나 그동안 바보였는지 알아요
하지만 당신이 지금 내게 입맞춤한다면
당신이 또 다시 날 속이려고 한다는 걸 난 알아요

지난 크리스마스에
난 당신에게 내 마음을 주었죠
하지만 그 바로 다음 날 당신은 그걸 거절했죠
(당신은 그걸 거절했죠)
올해엔
눈물을 흘리지 않기 위해
난 그걸 특별한 사람에게 마음을 주려고요 (특별한)

지난 크리스마스에
난 당신에게 내 마음을 주었죠
하지만 그 바로 다음 날 당신은 그걸 거절했죠
올해엔
눈물을 흘리지 않기 위해
난 그걸 특별한 사람에게 마음을 주려고요 (특별한)
(오)
(오 오 사랑하는 이여)

사람들이 가득한 방에
친구들은 피곤한 눈을 하고
난 당신과 당신의 차가운 마음으로부터 숨어 있어요
하느님 맙소사 난 당신이
믿을 수 있는 대단한 사람일 거라고 내가 생각했죠
저는 요?
내 자신이 고민을 들어주고 위로해 줄 사람이었다는 것으로 추측되어요

뜨거운 마음으로 사랑에 빠진 얼굴
겉으로 드러내지 않은 남자 하지만 당신은 내 마음을 찢어지게 만들어 버렸어요
아 아
이제 난 진정한 사랑을 찾았죠 이제 절대 당신은 날 갖고 또 다시 장난치지 못할 거예요

지난 크리스마스에
난 당신에게 내 마음을 주었죠
하지만 그 바로 다음 날 당신은 그걸 거절했죠
(당신은 그걸 거절했죠)
올해엔
눈물을 흘리지 않기 위해
난 그걸 특별한 사람에게 마음을 주려고요 (특별한)

지난 크리스마스에
난 당신에게 내 마음을 주었죠
하지만 그 바로 다음 날 당신은 그걸 거절했죠
올해엔
눈물을 흘리지 않기 위해
난 그걸 특별한 사람에게 마음을 주려고요 (특별한)

뜨거운 마음으로 사랑에 빠진 얼굴
(난 당신에게 내 마음을 주었는데)
겉으로 드러내지 않은 남자 하지만 당신은 내 마음을 찢어지게 만들어 버렸어요
(내 년에)
난 그걸 누군가에게 주려고요
난 그걸 특별한 누군가에게 주려고요 (특별한)
(누군가에게)

* 영어 발음 제대로 듣거나 말하기

1) 이어지는 소리(연음)의 경우

(1) 약모음 이동

it away, been a, With a

it away에서 away의 a가 약모음 [ə]가 되어 앞 낱말 끝부분에 가서 붙어 '이러 웨이'에 가깝게 발음된다. been a에서 a가 약모음 [ə]가 되어 앞 낱말 끝부분에가서 붙어 '비너'로 발음된다. With a도 마찬가지 경우이다.

(2) 자음 이동

gave it, give it, wrapped it, sent it, love you, meant it

gave it에서 give의 자음 v가 뒤에 있는 낱말 앞부분에 가서 붙어 '기 빗'으로 발음된다. give의 끝에 있는 모음 e는 약하게 발음되기 때문에 무시해도 될 정도이다. give it도 마찬가지 경우이다. wrapped it에서 wrapped의 -ed 발음 [t]가 뒤에 있는 낱말 앞부분에 가서 붙어 '랩 팃'으로 발음된다. sent it에서 sent의 자음 t가 뒤에 있는 낱말 앞부분에 가서 붙어 '센 팃'으로 발음된다. meant it도 마찬가지 경우이다. love you에서 love의 자음 v가 뒤에 있는 낱말 앞부분에 가서 붙어 '러 뷰'로 발음된다. love의 끝에 있는 모음 e는 약하게 발음되기 때문에 무시해도 될 정도이다.

2) 없어지는 소리(탈락)의 경우

Last Christmas, But the, next day, twice shy, doesn't surprise

Last Christmas에서 Last의 t는 자음 s와 Christmas의 자음 C 사이에 놓이기 때문에 탈락되어 '래스 크리스마스'로 발음된다. 이와 같이 자음과 자음 사이에 놓이는 여섯 개의 파열음인 철자—k/g, p/b, t/d—사이에 놓여 탈락되는 예로 doesn't surprise가 해당된다.

But the에서 But의 t는 the의 th- 발음 [ð]와 발음이 비슷하기 때문에 앞의 t는 탈락되어 '버 더'에 가깝게 발음된다.

next day에서 next의 t는 day의 d와 같은 위치에서 소리가 나기 때문에 앞의 t가 탈락되어 '넥스 데이'로 발음된다.

twice shy에서 twice의 -ce 발음 [s]는 shy의 sh- 발음 [ʃ]와 발음이 비슷하기 때문에 앞의 [s]가 탈락되어 '트와이 샤이'로 발음된다.

3) 닮는 소리(동화)의 경우

bitten

bitten에서 t(t)가 강모음과 약모음 사이에 놓이면 단타음(單打音)으로 되어 t도, d도, r도 아닌 발음이 된다. bitten은 '비런'에 가깝게 발음된다. 이 소리는 한글로 표기할 수 없으며 오직 소리로만 익힐 수밖에 없다. 특히 미국영어(American English)에서 두드러진 현상이다.

4) 줄어진 소리(축약)의 경우

I'**ll**, it'**s**, does**n't**

도우미동사(조동사)의 경우인 **I'll**, be 동사의 경우인 it'**s**와 부정형인 does**n't**'가 있다. 이 가운데 **I'll**에서 'll이 한국인이 발음하기에 가장 힘든 예이다. 그 이유는 'll은 will의 줄인 형태인데 'll'이 한국어에 없는 발음으로, 'l'은 혀를 입천장에 붙여서 소리를 내야 하는데, 한국어에는 이렇게 소리를 내는 것이 없기 때문이다.

* 팝송에 들어 있는 쓸모 있는 영어 표현들

1. But the very next day you gave it away: **give away**는 1) '~을[를] 선물로 주다[기부하다], 거저주다', 2) '(신부를) 신랑에게 인도하다', 3) '(비밀을) 누설하다[드러 내다], 폭로하다'와 4) '(좋은 기회 등을) 놓치다, 포기하다'라는

뜻으로 쓰인다. 이 노래에서는 1)의 뜻으로 쓰이고 있다. 그런데 이 노래에서는 거저주기는 하는데 본인이 원하지 않아서 주는 것을 의미한다. 따라서 to me가 생략되었다고 볼 수 있다.

1)의 예문들은 다음과 같다.

He **gave away** most of his money to charity.
(그는 자기 돈 대부분을 자선단체에 기부했다.)

He's giving away money left, right and centre.
(그는 돈을 온 데다 뿌려 댄다.)

Throw away or give away the things you don't need any more.
(당신이 필요하지 않은 물건을 버리거나 나눠주세요.)

2)의 예문들은 다음과 같다.

The bride was **given away** by her father.
(신부는 아버지가 신랑에게 인도했다.)

Can the father of the groom give the bride away?
(신랑의 아버지가 신부를 인도할 수도 있나요?)

I wonder who is going to give Jennifer away at the wedding.
(결혼식에서 누가 제니퍼를 신랑에게 인계할 건지 궁금해.)

3)의 예문들은 다음과 같다.

Don't **give** the secret **away**.
(비밀을 누설하지 말라.)

She would give nothing away.
(그녀는 어떤 것도 누설하려 하지 않았다.)

She gave away state secrets to the enemy.
(그녀가 적에게 국가 비밀을 누설했다.)

4)의 예문들은 다음과 같다.

He had to **give away** a good chance.
(그는 좋은 기회를 포기해야 했다.)

Don't give away the love I gave you.
(내가 당신에게 드린 사랑을 저버리지 마세요.)

We must decide what to keep and what to give away.
(우리는 무엇을 버리고 무엇을 간직할지 결정해야만 한다.)

2. To save me from tears: **save from**은 '(위험 · 손상 · 손실 등에서) …을[를] 구하다, 구조[구출]하다'라는 기본적인 뜻으로 쓰인다. 그렇지만 문맥상 이대로만 쓰이지 않고 약간씩 의미 변화를 시켜야 자연스럽다. To save me from tear는 '눈물에서 나를 구하기 위해'가 글자 그대로의 뜻인데, 약간 달리 해석하면 '눈물을 흘리지 않기 위해'라고 옮길 수 있을 것이다. 이것도 일종의 비유적인 표현이라고 할 수 있다. 이를 더 잘 이해하기 위해 몇 가지 예를 들면 다음과 같다.

save a person from drowning[danger]
(남을 익사[위험]에서 구출하다)

save a person from discovery[punishment]
(남을 들키지 않게[벌을 받지 않도록] 감싸주다)

save a firm from bankruptcy
(회사를 파산에서 구하다)

save from이 들어간 예문들은 다음과 같다.

He prayed to be **saved from** self-indulgence.
(그는 방종으로부터 구원받기를 기도했다.)

He risked his life to save his daughter from the fire.
(그는 목숨을 걸고 불 속에서 딸의 목숨을 구했다.)

The bank stepped in to save the company from financial ruin.
(그 기업을 재정적 파탄으로부터 구하기 위해 은행이 개입을 했다.)

3. I'll give it to someone special: **someone special**은 '특별한 누군가'라는 뜻이다. 이 경우 형용사 special이 명사 앞에서 꾸미는 것이 형용사인데, 명사 뒤에서 꾸미고 있음을 알 수 있다. 형용사가 명사를 꾸며주는 경우에는 거의 대부분 명사 앞에 꾸며준다. 그렇지만 명사 뒤에서 꾸며주는 경우는 정해져 있다. some-, no-, any-로

시작되는 명사인 낱말은 모두 형용사가 명사 뒤에서 꾸며준다. 이에 해당되는 명사들로는 something, somewhere, someone/somebody, nothing, nowhere, no one/nobody, anything, anywhere, anyone/anybody가 있다. 몇 가지 예문들은 다음과 같다.

There is **nothing wrong** with the car.
(차는 아무 문제가 없다.)

This animal is found in Australia, and **nowhere else**.
(이 동물은 오스트레일리아에서만 발견되고 다른 어디에서도 볼 수 없다.)

I'll never do **anything** so **stupid** again.
(그렇게 어리석은 일은 다시는 하지 않겠다.)

He's been at the bank longer than **anyone else**.
(그는 이 은행에 다른 누구보다 오래 있었다[다녔다].)

What's the matter? Is there **something wrong**?
(무슨 일이야? 뭐가 잘못됐니?)

To my certain knowledge he was **somewhere else** at the time.
(내가 확실히 아는데 그는 그 시간에 어디 다른 데 있었다.)

4. Once bitten and twice shy: **bitten**은 bite의 과거분사이다. bite는 '물다'라는 뜻이다. 그러니까 bitten 앞에 be 동사(was)가 생략된 수동태라고 볼 수 있다. 따라서 bitten은 글자 그대로 '물린'이란 뜻이다. 그렇지만 비유적인 표현으로 보면 '상처를 받은, 거절을 당한, 버림을 받은'등으로 생각해 볼 수 있다. 일단 Once bitten, twice shy.는 '자라보고 놀란 가슴 솥뚜껑 보고 놀란다'라는 속담이다. 이런 뜻을 가진 또 다른 영어 표현으로 A burnt child dreads the fire.가 있다.

5. But you still catch my eye: **catch one's eye**는 '눈길을 끌다[모으다], 주의를 끌다'라는 뜻이다. 예문들은 다음과 같다.

There was a girl who **caught my eye**.
(내 눈길을 사로잡는 숙녀가 있었다.)

He tried to catch Annie's eye as he walked by her seat.
(그는 그녀의 자리 옆으로 걸어가며 애니의 눈길을 끌기 위해 노력했다.)

However, in several years, programs for commercials and banking will catch their eyes.
(그러나, 수 년 내에 광고와 은행업무 프로그램들이 그들의 눈길을 사로잡을 것이다.)

6. I meant it: **I mean it**는 '진심이다'라는 뜻으로 쓰인다. 여기서 I meant it으로 쓴 것은 과거의 상황을 나타내기 때문이다. I meant it는 '진심이었다'라는 뜻이다.

7. Now I know what a fool I've been: **what a fool**은 감탄문에서 쓰이는 표현이다. what+a(an)+명사로 되거나 how 형용사로 시작되는 감탄문 가운데 what+a(an)+명사 형태로 되어 있는 것이다. 따라서 what a fool I've been은 '내가 지금까지 얼마나 바보였던가'라는 뜻을 갖고 있다.

8. I know you'd fool me again: **fool**은 '바보'라는 명사가 아니라 '속이다, 기만하다'라는 동사이다. fool이 동사로 쓰일 때 '속이다, 기만하다'라는 뜻 이외에 '(흔히 사람들을 웃기려고) 어릿광대[바보] 짓을 하다'라는 뜻으로도 쓰인다. '속이다, 기만하다'라는 뜻으로 쓰이는 fool의 예문들은 다음과 같다.

Art dealers **fool** a lot of people.
(미술품 거래인들은 사람들을 많이 속인다.

You can't fool him— he's always quick on the draw.
(넌 그를 속일 수가 없어. 그는 항상 상황 판단이 빠르니까.)

He was able to fool the world with his veneer of education.
(그는 교육받은 사람인 체하면서 세상을 속일 수 있었다.)

9. Someone to rely on: **someone**은 보통 '어떤 사람, 누구'라는 뜻이지만 여기서는 '중요한[대단한] 사람'이란 뜻으로 쓰인다. **rely on**은 1) '~에 의지[의존]하다, 기대다, ~을[를] 필요로 하다'와 2) '~을[를] 믿다[신뢰하다]'라는 뜻으로 쓰인다. 이 노래에서는 2)의 뜻으로 쓰이고 있다.

1)의 예문들은 다음과 같다.

Lions **rely on** stealth when hunting.
(사자들은 사냥을 할 때 잠행에 의존한다.)

As babies, we rely entirely on others for food.
(우리가 아기일 때에는 먹을 것을 전적으로 다른 사람들에게 의지한다.)

We had to rely on a compass and a lot of luck to get here.
(우리는 여기 도달하기 위해 나침반 하나와 운에 많이 의지해야 했다.)

2)의 예문들은 다음과 같다.

I know I can **rely on** you to sort it out.
(내가 너한테 이것을 정리하도록 믿고 맡겨도 되겠지.)

You can rely on me to keep your secret.
(자네는 내가 자네의 비밀을 지킬 거라고 믿어도 돼.)

Can I rely on your support in the election?
(저가 선거에서 당신의 지지를 기대해도 되겠습니까?)

10. I guess I was a shoulder to cry on: **shoulder to cry on**은 '기대어 울 수 있는 어깨[고민을 들어주고 위로해 줄 사람]'(=someone offering emotional support to another in distress) 뜻을 가진 습관적으로 쓰는 구(관용구)이다. 그러니까 고통스러워하거나 괴로워하는 사람에게 이야기를 들어주고 정서적으로 따뜻한 위로를 해줄 수 있는 사람을 일컫는다. 예문들은 다음과 같다.

She comes to me when she needs help or **a shoulder to cry on**.
(도움이나 위로해줄 사람이 필요할 때 그녀는 저에게 옵니다.)

I wish you'd been here when my mother died and I needed a shoulder to cry on.
(엄마가 돌아가셨을 때 내 괴로움을 하소연할 네가 여기 있었으면 했다.)

Mrs. Barrantes longs to be at her daughter's side to offer her a shoulder to cry on.
(바런테스 여사는 딸의 곁에 있으면서 하소연을 들어 주고 싶어 한다.)

I guess는 격식을 차리지 않는 경우에 '…으로 추측된다[…일 것 같다]'라는 뜻으로 쓰인다. 예문들은 다음과 같다.

I guess I really lucked out when I met her.
(내가 그녀를 만난 것은 정말 운이 좋았던 것 같다.)

"I think you're being paranoid."-"Yeah. I guess so."
("내 생각엔 네가 피해망상인 것 같아." "맞아. 나도 그런 것 같아.")

"I guess you guys don't mind if I smoke?"he drawled.
("담배 피워도 되겠지?"라고 그가 느릿느릿 말했다.)

11. A man undercover but you tore me apart: undercover는 형용사로 '비밀의, 비밀리에 하는, 은밀한, 첩보 활동[위장 근무]의'라는 뜻이고, 드문 경우에 부사로 '비밀리에, 은밀하게'라는 뜻으로도 쓰인다. 따라서 undercover는 형용사로 명사 앞에 쓰이는 것이 기본이다. 그런데 **under cover**는 '봉투에 넣어서, 엄호를 받고, 숨어서'라는 뜻으로 쓰인다. 따라서 '겉으로 드러내지 않으면서'라는 뜻이 더 강하기 때문에 under cover로 이해하는 것이 바람직 할 것 같다.

tore me apart에서 tore는 기본 현재형인 tear의 과거형이다. **tear apart**는 1) tear sth apart로 쓰여 '~을[를] 갈가리 찢어[뜯어] 버리다', 2) tear sb apart로 쓰여 '(불행 · 걱정으로) ~의 가슴이 찢어지게[미어지게] 하다, 의 평온[마음]을 헤집다', 3) tear sb/sth apart로 쓰여 '~을[를] 완전히 쳐부수다; ~를 마구 헐뜯다[혹평 하다], 꾸짖다'와 4) '허물다, 해체하다'라는 뜻으로 쓰인다. 이 노래에서는 2)의 뜻으로 쓰이고 있다.

1)의 예문들은 다음과 같다.

The dogs **tore** the fox **apart**.
(그 개들은 그 여우를 완전히 물어뜯어 놓았다.)

The cover of the book is so thin that it may tear apart.
(책 표지가 너무 얇아서 뜯어질 것 같다.)

Plate movement caused this supercontinent to tear apart.
(층의 운동은 이 초대륙이 찢어지게 만들었다.)

2)의 예문들은 다음과 같다.

Don't think it hasn't **torn** me **apart** to be away from you.
(당신과 떨어져 지내는 것이 내 가슴이 미어진다고 생각마세요.)

It tears me apart to think I might have hurt her feelings.
(내가 그녀의 마음을 상하게 했을지도 모른다고 생각하니 가슴이 찢어지는 듯하다.)

She was torn apart by the struggle within her between her desires and her conscience.
(그녀는 그녀의 욕망과 그녀의 양심 사이에서 그녀의 내부에 있는 투쟁으로 마음이 미어졌다.)

3)의 예문들은 다음과 같다.

The critics **tore** his last movie **apart**.
(비평가들이 그의 최신 영화를 마구 혹평했다[난도질을 했다].)

We tore the other team apart in the second half.
(우리는 후반전에 상대 팀을 완전히 격파했다.)

I'll tear that boy apart when he comes home: look what he's done now!
(나는 그가 집에 올 때 '그가 지금 한 일이 무언지 보라고!'그 아이를 꾸짖을 것이다.)

4)의 예문들은 다음과 같다.

The country was **torn apar**t by strife.
(그 나라는 갈등으로 분열되었다.)

It is politically threatened to tear apart.
(그것은 정치적으로 해체될 위기에 처해있다.)

A hurricane tore apart houses with explosive force.
(태풍은 폭발적인 힘으로 집들을 산산조각 냈다.)

기억할 만한 영어 문장

1. I'll give my heart someone special.
   (난 내 마음을 특별한 누군가에게 주려고요.)
2. Now I know what a fool I've been.
   (이젠 내가 얼마나 그동안 바보였는지 알아요.)
3. I thought you were someone to rely on.
   (난 당신이 믿을 수 있는 대단한 사람일 거라고 내가 생각했죠.)

* 팝송 에세이

매년 크리스마스가 다가오면 우리는 이 노래를 자주 듣게 된다. 일반적으로 우리에게 크리스마스는 좋은 날로 여겨진다. 그러나 이 노래는 지난 크리스마스 때 사랑하는 사람에게 온갖 마음을 주었지만, 그 다음 날 그런 마음을 저버린 연인에게 안타까운 마음을 드러내고 있다. 그래서 일 년이 지난 올 해는 눈물을 흘리지 않기 위해, 더 이상 상처받지 않기 위해 특별한 다른 어떤 사람에게 마음을 줄 것이라고 말하지만, 여전히 사랑했던 그 연인을 사랑하고 있다는 마음이 남아 있음을 보이고 있다.

그렇지만 "뜨거운 마음으로 사랑에 빠진 얼굴 / (난 당신에게 내 마음을 주었는데) / 겉으로 드러내지 않은 남자 하지만 당신은 내 마음을 찢어지게 만들어 버렸어요"에서 알 수 있듯이 자기 자신의 마음과 달리 상황은 여전히 달리 전개되고 있음을 알 수 있다. 붙들고 싶지만 붙들 수 없는 것이 연인들의 이별 순간이 아닐까? 붙들 수 있는 경우는 이미 이별 이전에 수많은 노력 가운데 이미 감지될 수 있을 것이다. 연인들이 이별을 하는 경우에 안타깝지 않을 수 있겠는가? 사랑해 온 과정은 온 몸으로 온 정성을 다해 사랑해 왔기 때문에 그만한 가치가 있는 것이다. 그러하기에 진정한 이별은 아쉬움을 남기고 안타까움을 남긴 채 마무리를 지어야 할 것이다. 더 이상의 기대나 희망은 보너스일 뿐 정상적인 궤도로 되돌아올 확률은 높지 않을테니까.

함께 축하해주고 성원해주고 기쁨을 나눌 수 있는 크리스마스와 같은 특별한 기념일이 지나자마자 사랑하는 마음을 받아줄 수 없는 경우가 생기면 그 충격은 클 수밖에 없다. 그런 충격은 절벽에서 떨어지는 기분이 아닐까? 최고조의 상태에서 추락하는 경우에 견주어 볼 수 있기 때문에. 추락한 느낌을 갖게 된 전후 사정은 알 수 없지만 사랑은 혼자만으로 이루어지는 것은 아니기 때문에 상당한 기간 동안 사랑했던 사람에 대한 기억은 떠올리지 않을 수 없을 것이다.

★ 덧붙이는 글 ★

여덟 번째 연의 A man under cover but you tore me apart에서 가사가 대부분 under cover를 undercover로 붙여서 소개되고 있다. 그러나 의미상으로 보면 undercover가 아닌 under cover로 표기하는 것이 더 가까울 것 같다.

So Much In Love

Sung by All-4-One

As we stroll along together
Holding hands and walking all along
So in love are we two
That we don't know what to do

So in love (do so in love)
In a world of our own (do so in love)

As we walk by the sea together
Under stars twinkling high above
So in love are we two
No one else but me and you

So in love (do so in love)
So much in love (do so in love)
So in love (do so in love)
So much in love (do so in love)

We stroll along together
I tell you I need you oh so much
I love I love you my darling
Can you feel it in my touch

As we walk down the aisle together
We will vow to be together till we die
So in love are we two
Just can't wait to say I do

So in love (do so in love)
In a world of our own

(do so in love) So in love
(do so in love) Are you and I (do so in love)

Baby, I hope you realize that you mean so much to me
You're everything I ever wanted in a woman
To touch, to feel your body close to me
And I just want to hold you in my arms forever
Can you (I love you baby) tell it in my touch

As we walk down the aisle together
We will vow to be together till we die
So in love are we two
Just can't wait to say I do

So in love (do so in love)
Are you and I (do so in love)
So in love (do so in love)
Are you and I (do so in love)

(do so in love) So in love
(do so in love) So in love
(do so in love) So in love
(do so in love) So in love

깊이 사랑에 빠져서

올 도 원의 노래

우리는 함께 산책하는 내내
손을 꼭 잡고 계속 걸어다녔죠
우리 둘은 너무나 깊이 사랑에 빠져
무엇을 해야 할지도 모르겠어요

우리만의 세상에서 (그렇게 사랑하고 있어요)
그렇게 사랑에 빠졌어요 (그렇게 사랑하고 있어요)

위로 높이 반짝이는 별빛 아래
우리는 바닷가를 함께 거니는 동안
우리 둘은 너무나 깊이 사랑에 빠져들었죠.
나와 당신을 제외한 다른 어느 누구도 없는 가운데

그렇게 사랑에 빠져 있어요 (그렇게 사랑하고 있어요)
깊이 사랑에 빠져 있어요 (그렇게 사랑하고 있어요)
그렇게 사랑에 빠져 있어요 (그렇게 사랑하고 있어요)
깊이 사랑에 빠져 있어요 (그렇게 사랑하고 있어요).

우리는 함께 산책을 하며
나는 당신에게 말합니다 난 당신을 아 너무나 필요로 한다고
난 사랑합니다 난 당신을 사랑합니다 내 사랑하는 이여
내가 당신을 살짝 만질 때 그걸 느낄 수 있나요?

우리는 복도를 함께 걸어가는 동안에
우리는 죽을 때까지 함께 하겠다고 서약할 겁니다.
우리 둘은 그렇게 사랑에 빠져들었죠
단지 난 정말로 사랑합니다라는 말을 몹시 하고 싶어요

그렇게 사랑에 빠져 있어요 (그렇게 사랑하고 있어요)
우리들만의 세상에서
(그렇게 사랑하고 있어요) 그렇게 사랑에 빠져 있어요
(그렇게 사랑하고 있어요) 당신과 내가 (그렇게 사랑하고 있어요)

사랑하는 이여 당신이 나에게 무척 소중하다는 것을 당신이 알아차리길 바래요
당신은 여자에게서 내가 원했던 모든 것이에요
내 가까이에서 당신의 몸을 만지고, 느끼기 위해
그리고 난 그저 내 품속에 당신을 영원히 안고 싶어요
내가 살짝 만질 때 (그대여 난 당신을 사랑합니다) 당신은 그걸 말할 수 있죠

우리는 복도를 함께 걸어가는 동안에
우리는 죽을 때까지 함께 하겠다고 서약할 겁니다.
우리 둘은 그렇게 사랑에 빠져들었죠
맹세합니다라는 말을 몹시 하고 싶어요

그렇게 사랑에 빠져 있어요 (그렇게 사랑하고 있어요)
당신과 내가 (그렇게 사랑하고 있어요)
그렇게 사랑에 빠져 있어요 (그렇게 사랑하고 있어요)
당신과 내가 (그렇게 사랑하고 있어요)

(그렇게 사랑하고 있어요) 그렇게 사랑에 빠져 있어요
(그렇게 사랑하고 있어요) 그렇게 사랑에 빠져 있어요
(그렇게 사랑하고 있어요) 그렇게 사랑에 빠져 있어요
(그렇게 사랑하고 있어요) 그렇게 사랑에 빠져 있어요

* 영어 발음 제대로 듣거나 말하기

1) 이어지는 소리(연음)의 경우

(1) 약모음 이동

stroll along, all along, In a, high above

stroll along에서 along의 a가 약모음 [ə]가 되어 앞 낱말 끝부분에 가서 붙어 '스쳐로러 롱'으로 발음된다. all along과 high above도 마찬가지 경우이다. In a에서 a가 약모음 [ə]가 되어 앞 낱말 끝부분에 가서 붙어 '이너'로 발음된다.

(2) 자음 이동

world of, love you, feel it, wanted in, tell it

world of에서 world의 자음 d가 뒤에 있는 낱말 앞부분에 가서 붙어 '월 더브'로 발음된다. of는 기능어로 약하게 발음되기 때문에 [əv] 또는 [ə]로 발음된다. love you에서 love의 자음 v가 뒤에 있는 낱말 앞부분에 가서 붙어 '러 뷰'로 발음된다. love의 끝에 있는 모음 e는 약하게 발음되기 때문에 무시해도 될 정도이다. feel it에서 feel의 자음 l이 뒤에 있는 낱말 앞부분에 가서 붙어 '휘 릿'에 가깝게 발음된다. tell it도 마찬가지 경우이다. wanted in에서 wanted의 -ed 발음[id]가 뒤에 있는 낱말 앞부분에 가서 붙어 '와 니딘'으로 발음된다.

2) 없어지는 소리(탈락)의 경우

hands, don't know. what to, walk by, walk down, can't wait, wait to, just want, want to

hands에서 hands의 d는 자음 n과 자음 s 사이에 놓이기 때문에 탈락되어 '핸즈'로 발음된다. 이와 같이 자음과 자음 사이에 놓이는 여섯 개의 파열음인 철자—k/g, p/b, t/d—사이에 놓여 탈락되는 예로 don't know, walk by, walk down, can't wait와 just want가 해당된다.

what to에서 what의 t와 to의 t는 같은 철자가 겹쳐서 나오기 때문에 앞의 t가 탈락되어 '와 터'로 발음된다. wait to와 want to도 마찬가지 경우이다.

3) 닮는 소리(동화)의 경우

nee**d** **y**ou, hol**d** **y**ou

nee**d** **y**ou에서 need의 d[d]와 you의 y[j]가 합쳐져 서로 닮아서 [ʤ]로 바뀌어 '니 쥬'에 가깝게 발음된다. 따라서 이런 현상은 영국영어(British English) 보다 미국영어(American English)에서 자주 나타나는 현상이다. hol**d** **y**ou도 마찬가지 경우이다.

4) 줄어진 소리(축약)의 경우

do**n't**, ca**n't**, you**'re**

부정형인 do**n't**와 ca**n't**, be 동사의 경우인 you**'re**가 있다.

5) 주의해야 할 발음

what, stars, can't, can

what에서 wh~로 시작되는 낱말은 'w'뒤에 있는 'h'의 소리가 보통 들리지 않는다. 그러니까 what은 '홧'이라기 보다 '왓'에 가깝게 발음된다. 그러나 사람과 관련된 who, whose, whom은 예외로 'h'의 소리가 그대로 난다.

stars에서 s+k/p/t가 되면 된소리에 가깝게 소리가 난다. 대부분 k/p/t가 들어간 낱말은 h가 들어가는 소리를 내게 되는데, s+k/p/t의 경우는 h 소리가 들어가지 않고 된소리에 가깝게 발음된다. 그러니까 stars는 '스따즈'에 가깝게 발음된다.

can't와 **can**은 마찬가지로 도우미동사로 기능낱말이기 때문에 약하게 발음한다. 그런데 can't 다음에 자음이 나오기 때문에 탈락되는 경우가 대부분이어서 can은 [kən]으로 can't는 [kæn]으로 발음하기로 약속이 되어 있다. 그런데 can이 문장 가운데 들어가는 경우가 [kən]으로 주로 발음되고 문장의 끝에 들어가는 경우에는 [kæn]으로 발음되는 경우가 대부분이다. can't는 기본적으로 [kæn]으로 발음되면서 can 보다 약간 길게 발음되는 경향이 있다.

* 팝송에 들어 있는 쓸모 있는 영어 표현들

1. As we stroll along together: **as**는 전치사, 부사와 접속사로서 여러 가지 뜻으로 쓰인다. 전치사로서 1) '…처럼[같이]',이]', 2) '(자격 · 기능 등이) …로(서)', 부사로서 1) as... as...로 쓰여 '…만큼 …한', 2) '…하는 것과 같이, -듯이'와 접속사로서 1) '…하는 동안에', 2) '…대로', 3) '때문에, -아서-[-아서/-므로]', 4) '-다시피[-듯 이]'와 5) '-이긴 하지만'(=though)으로 다양하게 쓰인다. 이 노래에서는 전치사로서 1) '…처럼[같이]'란 뜻으로 쓰이고 있다. 이 노래에서는 접속사로서 1)의 뜻으로 쓰이고 있다.

전치사로서 쓰이는 예문들은 다음과 같다.

1) '…처럼[같이]'으로 쓰이는 경우

They were all dressed **as** clowns.
(그들은 모두 광대같이 옷을 입고 있었다.)

The bomb was disguised as a package.
(그 폭탄은 소포처럼 위장되어 있었다.)

2) '(자격 · 기능 등이) …로(서)'로 쓰이는 경우

You can use that glass **as** a vase.
(저 유리잔을 꽃병으로 쓸 수 있다.)

He qualified as a doctor last year.
(그는 작년에 의사 자격을 취득했다.)

It's not that I don't like you. I like you as a friend
(당신이 싫은 건 아니고 친구로 좋아해요.)

부사로서 쓰이는 예문들은 다음과 같다.

1) as... as...로 쓰여 '…만큼 …한'으로 쓰이는 경우

He worked just **as** hard **as** anyone
(그는 어느 누구 못지않게 열심히 일했다.)

I'd kept out of his way as much as I could.
(나는 가능한 한 그를 피했었다.)

The payback period can be as short as seven years.
(상환 기간은 최소한 칠 년이다.)

2) '…하는 것과 같이, -듯이''…처럼[같이]'으로 쓰이는 경우

As always, Polly was late for school.
(늘 그렇듯 폴리는 학교에 지각했다.)

* 여기서 as always는 '늘 그렇듯[언제나처럼]'으로 습관적으로 쓰인다.
The 'h' in honest is silent, as in 'hour'.
(hour에서와 같이 honest에서도 h는 소리가 나지 않는다.)

His throws were long, hard and accurate, as always.
(그의 투구는 항상 그렇듯이 길고, 세며, 명중률이 높았다.)

접속사로서 쓰이는 예문들은 다음과 같다.

1) '…하는 동안에'로 쓰이는 경우

He sat watching her **as** she got ready.
(그녀가 준비를 하는 동안 그는 앉아서 그녀를 지켜보고 있었다.)

As she grew older she gained in confidence.
(그녀는 나이가 들면서 자신감이 커졌다.)

Just as he was speaking, there was a big earthquake.
(마침 그가 이야기하고 있을 때 큰 지진이 일어났다.)

2) '…대로'로 쓰이는 경우

They did **as** I had asked.
(그들은 내가 부탁한 대로 했다.)

She lost it, just as I said she would.
(그녀는 내가 그럴 거라고 말한 꼭 그대로 그걸 잃어버렸다.)

I'm serious, things are difficult enough as they are.
(나는 심각하고, 문제는 있는 그대로 충분히 복잡하다.)

3) '때문에, -아서-[-아서/-므로]'로 쓰이는 경우

As he often lies, I don't like him.
(나는 그가 자주 거짓말을 하니까 싫다.)

As you were out, I left a message.
(네가 외출하고 없어서 내가 메시지를 남겼어.)

She may need some help as she's new.
(그녀는 새로 왔으므로 도움이 좀 필요할지도 모른다.)

4) '-다시피[-듯이]'로 쓰이는 경우

Do in Rome **as** the Romans do.
(로마에서는 로마인이 하는 대로 하라.)
* 이것은 속담이다.

She's very tall, as is her mother.
(그녀는 키가 아주 크다. 자기 어머니가 그렇듯이.)

As you know, Julia is leaving soon.
(너도 알다시피 줄리아가 곧 떠나.)

5) '-이긴 하지만'(=though)으로 쓰이는 경우

Try **as** he might, he couldn't open the door.
(아무리 애를 써도 그는 그 문을 열 수가 없었다.)

Happy as they were, there was something missing.
(그들은 행복하긴 했지만 뭔가가 부족했다.)

Young as he is[Though he is young], he is an able lawyer.
(그는 나이는 어릴망정 유능한 변호사다.)

stroll은 '거닐다, 산책하다'라는 뜻으로 쓰인다. 여기서 stroll along이 나오는데 along은 '…을[를] (죽 · 계속) 따라'이기 때문에 그 대상이 노래에서 나오지 않지만 stroll along은 '…을[를] 따라 산책하다'라고 볼 수 있다. stroll이 들어간 예문들은 다음과 같다.

People were **strolling** along the beach.
(사람들은 해변을 거닐고 있었다.)

You will be able to stroll at leisure through the gardens.
(정원을 여유롭게 거닐 수 있을 것이다.)

I strolled up and down thoughtfully before calling a taxi.
(나는 택시를 부르기 전에 생각에 잠겨 천천히 거리를 오르내렸다.)

2. Holding hands and walking all along: **all along**은 '내내[죽], 계속, 언제나, 걸쳐'란 뜻으로 쓰인다. 예문들은 다음과 같다.

I realized it was in my pocket **all along**.
(나는 그것이 죽 내 호주머니 안에 들어 있었다는 것을 깨달았다.)

As I had suspected all along, he was not a real policeman.
(내가 줄곧 의심하던 대로 그는 진짜 경찰이 아니었다.)

It suddenly came to her that she had been wrong all along.
(그녀는 자신이 처음부터 틀렸던 것인지도 모른다는 생각이 불현듯 들었다.)

3. Under stars twinkling high above: high above는 '위로 높이'라는 뜻이다. high는 '높은, 많이[함유된]'이란 뜻으로 쓰이는 형용사로 자주 쓰인다. 그런데 high above에서 **high**는 '높이, 높은 곳에[곳에서/곳으로], (비용 · 가격 · 양이) 많이[높이]'란 뜻으로 쓰이는 부사이다. 이렇게 부사로 쓰이는 예문들은 다음과 같다.

I can't jump any **higher**.
(난 조금도 더 높이 뛰어오를 수는 없어.)

An angel circled high overhead.
(머리 위 높은 곳에서 독수리 한 마리가 선회하고 있었다.)

Prices are expected to rise even higher this year.
(올해는 물가가 훨씬 더 많이 오를 것으로 예상된다.)

4. No one else but me and you: **but**은 접속사, 전치사, 부사와 명사로 쓰인다. 접속사로는 '그러나[-이나], 하지만[-지만], -데도[불구하고], 그렇지만'라는 뜻으로 쓰인다. 전치사로는 '…외에'라는 뜻으로, 부사로는 '오직[…만]'이란 뜻으로, 명사로는 '이의, 반대 이유'라는 뜻으로 쓰인다. 이 노래에서는 전치사로 '…외에'라는 뜻으로 쓰이고 있다. but이 전치사로 쓰이는 예문들은 다음과 같다.

Everyone was there **but** him.
(그 사람 외에는 모두 거기에 있었다.)

The problem is anything but easy.
(그 문제가 결코 쉽지 않다.)

We've had nothing but trouble with this car.
(우리는 이 차 때문에 골치만 아파 왔다.)

5. Just can't wait to say I do: **can't wait**는 '기다릴 수 없다, 너무 하고 싶다, 빨리 끝나면 좋겠다'라는 뜻으로 쓰인다. 그런데 이 가운데 '너무~하고 싶다'는 뜻으로 입말체에서 자주 쓰인다. 글자 그대로의 뜻은 '기다릴 수 없다'이지만 한 걸음 더 들어가 생각해 보면 '너무~하고 싶다'는 뜻을 이해하게 될 것이다. 예문들은 다음과 같다.

I **can't wait** to get back home.
(난 빨리 집에 돌아가고 싶어.)

I can't wait to see the beautiful scenery!
(나는 어서 그 아름다운 광경을 보고 싶어!)

We can't wait to hear the patter of tiny feet.
(우리는 아기가 아장아장 걷는 소리를 어서 듣고 싶다.)

6. you mean so much to me: mean은 '…라는 뜻이다, …을 뜻하다, 의미하다, 의미중요성을 가지다, (특별한 의도를 담아) … 뜻으로 말하다'라는 뜻이다. you mean so much to me는 글자 그대로 '당신은 나에게 상당한 의미[중요성]을 가진다'인데, 좀 더 비유적으로 말하면 **you mean so much to me**는 '당신은 나에게 무척 소중해요'라는 뜻이다.

기억할 만한 영어 문장

1. I tell you I need you so much.
   (난 당신을 너무나 필요하다고 나는 당신에게 말합니다.)
2. We will vow to be together till we die.
   (우리는 죽을 때까지 함께 하겠다고 서약할 겁니다.)
3. I just want to hold you in my arms forever.
   (난 그저 내 품속에 당신을 영원히 안고 싶어요.)

* 팝송 에세이

우리는 사랑에 빠져 있지만 구체적으로 사랑한다는 표현을 할 수 없을 때도 있다. 두 사람이 산책을 하고 바닷가를 걸으며 사랑에 깊이 빠져 있으면서 살짝 만지며 필요하다고 그런 마음을 전하고 싶고 "난 정말로 사랑합니다라는 말을 몹시 하고 싶어요"라고 말을 하고 싶지만 직접 표현을 하지 못하고 있다. 연인의 몸을 살짝 만져보고 싶고 느끼고 싶고 안아보고 싶은 마음도 있고 맹세합니다라는 말을 하고 싶지만 정작 말을 하지 못하고 있는 심정을 표현하고 있다.

간절한 마음은 "우리는 복도를 함께 걸어가는 동안에 / 우리는 죽을 때까지 함께 하겠다고 서약할 겁니다 / 우리 둘은 그렇게 사랑에 빠져들었죠"라는 것을 알지만 정작 직접적인 표현을 하지 못하는 마음은 용기 부족일까 상대방의 자존심을 지켜주는 행동일까? 느낌으로는 인식되지만 말이나 행동으로 보여주지 못하는 마음.

사랑을 느끼거나 사랑하고 싶은 마음을 전하는 것은 지극히 정상적이라고 할 수 있다. 좀 더 용기를 내서 말을 하게 된다면 전해진 느낌과 이심전심의 상황들이 많았기 때문에 상대방으로부터 긍정적인 답변을 얻어낼 수 있지 않을까 생각된다. 용감한 자가 미인을 얻는다고 했던가? 용감한 자는 자신의 사랑하는 마음을 표현하는 자이고 미인은 바로 자신이 사랑하는 상대방이 아닐까?

사랑은 본질적으로 의지의 행위 즉, 나 자신의 인격체를 다른 한 사람의 인격체에 완전히 맡기는 결단의 행위이어야 한다. 사랑은 자발적이고 감정적인 반응의 결과이다. 사랑은 거역할 수 없는 감정에 갑자기 사로잡힌 결과로 여겨진다. 그러난 설령 시작은 강렬한 감정으로 시작되었다 할지라도 결단이나 판단이나 약속과 같은 의지가 필요하다. 감정은 생겨났다가 사라져 버릴 수 있는 성격이 있기 때문에 자신의 행위에 결단과 판단이나 약속이 사랑 행위에 포함된다면 사랑이 영원해질 수 있는 가능성은 커진다고 볼 수 있다.

★ 덧붙이는 글 ★

I do는 "I DO(아마 결혼의 서약-결혼을 맹세합니다)"라는 것을 넌지시 이야기하고 있다.

I Love You Always Forever

Sung by Donna Lewis

Feels like I'm standing in a timeless dream
Of light mists, of pale amber rose
Feels like I'm lost in a deep cloud of heavenly scent
Touching, discovering you

Those days of warm rains come rushing back to me
Miles of windless summer night air
Secret moments shared in the heat of the afternoon
Out of the stillness soft spoken words
Say, say it again

I love you always forever
Near and far, closer together
Everywhere I will be with you
Everywhere I will do for you
I love you always forever
Near and far, closer together
Everywhere I will be with you
Everything I will do for you

You've got the most unbelievable blue eyes I've ever seen
You've got me almost melting away
As we lay there under a blue sky with pure white stars
Exotic sweetness, a magical time
Say, say it again

Say you'll love, love me forever
Never stop, never whatever
Near and far and always
And everywhere and everything

Say you'll love, love me forever
Never stop, never whatever
Near and far and always
And everywhere and everything

Say you'll love, love me forever
Never stop, never whatever
Near and far and always
And everywhere and everything
Say you'll love, love me forever
Never stop, never whatever
Near and far and always
And everywhere and everything

I love you always forever
Near and far, closer together
Everywhere I will be with you
Everywhere I will do for you
I love you always forever
Near and far, closer together
Everywhere I will be with you
Everything I will do for you

난 당신을 항상 영원히 사랑해요

다니 러위스의 노래

끝이 없는 꿈속에 서 있는 것 같은 느낌이에요
옅은 안개와 연한 노란 장미에 둘러싸인 꿈이죠
천국의 향기가 나는 구름 속 깊은 곳에서 길을 잃은 것 같은 느낌이에요
당신을 살짝 만지고, 발견하면서요

따뜻한 비가 내리던 날들이 다시 내게 몰려오네요
수마일 이어지는 바람 한 점 없는 여름밤의 공기
오후의 열기 속에서 비밀스러운 순간들을 함께 나누죠
고요한 정적을 깨는 부드럽게 말하는 목소리
말해요, 다시 한 번 말해봐요

난 당신을 사랑해요 항상 영원히
가까이 있으나 멀리 있으나, 우린 더 가까워지죠
어디서나 난 당신과 함께 하겠어요
무엇이든 난 당신을 위해 하겠어요
난 당신을 사랑해요 항상 영원히
가까이 있으나 멀리 있으나, 우린 더 가까워지죠
어디서나 난 당신과 함께 하겠어요
무엇이든 난 당신을 위해 하겠어요

당신은 지금껏 내가 본 사람 중에서
가장 멋진 파란 눈동자를 가졌죠
당신은 날 거의 녹아내리게 했어요
순백의 별들이 떠 있는 파란 하늘 아래
우리가 함께 누워 있을 때
이국적인 달콤함, 마법 같은 시간
말해요, 다시 한 번 말해봐요

날 영원히 사랑하겠다고 사랑하겠다고 말해요.
절대 멈추지 마세요, 어떤 상황이 와도 절대로요
가까이 있으나 멀리 있으나 그리고 항상
그리고 어디서나 그리고 무엇이든

당신이 날 영원히 사랑하겠다고 사랑하겠다고 말해요.
절대 멈추지 마세요, 어떤 상황이 와도 절대로요
가까이 있으나 멀리 있으나 그리고 항상
그리고 어디서나 그리고 무엇이든

당신이 날 영원히 사랑하겠다고 사랑하겠다고 말해요.
절대 멈추지 마세요. 어떤 상황이 와도 절대로요
가까이 있으나 멀리 있으나 그리고 항상
그리고 어디서나 그리고 무엇이든
날 영원히 사랑하겠다고 사랑하겠다고 말해요.
절대 멈추지 마세요. 어떤 상황이 와도 절대로요
가까이 있으나 멀리 있으나 그리고 항상
그리고 어디서나 그리고 무엇이든

난 당신은 사랑해요 항상 영원히
가까이 있으나 멀리 있으나, 우린 더 가까워지죠
어디서나 당신과 함께 하겠어요
무엇이든 당신을 위해 하겠어요
당신은 사랑해요 항상 영원히
가까이 있으나 멀리 있으나, 우린 더 가까워지죠
어디서나 당신과 함께 하겠어요
무엇이든 당신을 위해 하겠어요

* 영어 발음 제대로 듣거나 말하기

1) 이어지는 소리(연음)의 경우

(1) 약모음 이동

in a, it again, melting away, under a

in a에서 a가 약모음 [ə]가 되어 앞 낱말 끝부분에 가서 붙어 '이너'로 발음된다. under a도 마찬가지 경우이다. it again에서 again의 a가 약모음 [ə]가 되어 앞 낱말 끝부분에 가서 붙어 '이러 겐'또는 '이러 게인'에 가깝게 발음된다. again은 미국영어)(American English)와 영국영어(British English)에서 발음이 다르다. 이것은 미국영어에서는 어겐[əgen]으로 발음되고, 영국영어에서는 어게인[əgein]으로 발음된다. melting away에서 away의 a가 약모음 [ə]가 되어 앞 낱말 끝부분에 가서 붙어 '멜팅어 웨이'로 발음된다.

(2) 자음 이동

days of, Miles of, love you

days of에서 days의 자음 s가 뒤에 있는 낱말 앞부분에 가서 붙어 '데이 즈브'로 발음된다. of는 기능어로 약하게 발음되기 때문에 [əv] 또는 [ə]로 발음된다. Miles of도 마찬가지 경우이다. love you에서 love의 자음 v가 뒤에 있는 낱말 앞부분에 가서 붙어 '러 뷰'로 발음된다. love의 끝에 있는 모음 e는 약하게 발음되기 때문에 무시해도 될 정도이다.

2) 없어지는 소리(탈락)의 경우

light mists, back to, windless, summer, Secret moments, soft spoken, words, almost melting

light mists에서 light의 t는 자음 h과 자음 m 사이에 놓이기 때문에 탈락되어 '라이 미스츠'또는 '라이 미스'에 가깝게 발음된다. 전자 '라이 미스츠'는 mists의 ts를 '츠'에 가깝게 발음하는 경우이고, 후자 '라이 미스'는 mists의 t가 자음 s와 s 사이에 놓이기 때문에 탈락되고 s와 s가 겹쳐 나오기 때문에 앞의 s가 탈락되는 경우이다. 이와 같이 자음과 자음 사이에 놓이는 여섯 개의 파열음인 철자—k/g, p/b, t/d—사이에 놓여 탈락되는 예로 back to, windless, Secret moments, soft spoken, words, almost melting이 해당된다.

3) 닮는 소리(동화)의 경우

heat of, Out of

heat of에서 t(t)가 강모음과 약모음 사이에 놓이면 단타음(單打音)으로 되어 t도, d도, r도 아닌 발음이 된다. heat of는 '히러브'에 가깝게 발음된다. 이 소리는 한글로 정확하게 표기할 수 없으며 오직 소리로만 익힐 수밖에 없다. 특히 미국영어(American English)에서 두드러진 현상이다. Out of도 마찬가지 경우이다.

4) 줄어진 소리(축약)의 경우

I'm, You've, I've, you'll

be 동사의 경우인 I'm, have 동사의 경우인 You've와 I've, 도우미동사(조동사)의 경우인 you'll이 있다. 이 가운데 you'll에서 'll이 한국인이 발음하기에 가장 힘든 예이다. 그 이유는 'll은 will의 줄인 형태인데 'll'이 한국어에 없는 발음으로, 'l'은 혀를 입천장에 붙여서 소리를 내야 하는데, 한국어에는 이렇게 소리를 내는 것이 없기 때문이다.

5) 주의해야 할 발음

dream, sky, white, stars, whatever

dream에서 'dr~'의 발음은 '드_'와 '주'의 중간쯤 되는 소리로 '쥬'에 가깝게 발음된다. dream은 '드림'이라기 보다 '쥬림'에 가깝게 발음된다.

sky와 stars에서 s+k/p/t가 되면 된소리에 가깝게 소리가 난다. 대부분 k/p/t가 들어간 낱말은 h가 들어가는 소리를 내게 되는데, s+k/p/t의 경우는 h 소리가 들어가지 않고 된소리에 가깝게 발음된다. 그러니까 sky는 '스카이'라기 보다 '스까이'에 가깝게,

stars는 '스타즈'라기 보다 '스따즈'에 가깝게 발음된다.

white와 **wh**atever에서 wh~로 시작되는 낱말은 'w'뒤에 있는 'h'의 소리가 보통 들리지 않는다. 그러니까 white는 '화이트'라기 보다 '와이트'에 가깝게, whatever는 '홧 에버'라기 보다 '왓에버'에 가깝게 발음된다. 그러나 사람과 관련된 who, whose, whom은 예외로 'h'의 소리가 그대로 난다.

* 팝송에 들어 있는 쓸모 있는 영어 표현들

1. Feels like I'm lost in a deep cloud: lost는 '길을 잃은, (물건이) 잃어버린, 손실이 난; 되찾을 수 없는, 놓쳐 버린'이란 뜻으로 쓰이는 형용사이다. **be lost**도 여러 가지 뜻으로 쓰이지만 많은 경우 '길을 잃다'라는 뜻으로 주로 쓰인다. 주로 길을 잃은 상태를 말하고, 같은 뜻으로 '길을 잃다'로 쓰이는 get lost는 길을 잃고 있는 행위와 좀더 가깝다고 할 수 있다. be lost과 get lost는 미묘한 의미 차이가 있다. 그렇지만 노래에서는 be lost는 '길을 잃는다'라는 그 자체 보다 인생의 목표나 삶의 목적을 잃고 방황하는 경우에 주로 쓰인다. 일종의 비유법이라고 볼 수 있다.

We**'re** completely **lost**.
(우리는 완전히 길을 잃었다.)

I am practically lost in a maze of downtown streets.
(나는 미로 같은 시내 거리에서 거의 길을 잃었다.)

It is especially difficult to help someone who is lost.
(길을 잃은 사람을 도와주는 건 특히 더 어려운 일이지.)

We always **get lost** in London.
(런던에서는 우리가 늘 길을 잃는다.)

Tourists often get lost and stray into dangerous areas.
(관광객들이 종종 길을 잃고 위험한 지역으로 샌다.)

I'm here all by myself and I know I'm going to get lost.
(나는 여기 홀로 있으며 길을 잃게 될 것을 안다.)

2. Miles of windless summer night air: **miles of**는 '수마일의, 수마일 동안[한없이] 이어지는'이란 뜻으로 쓰인다. 이것은 hundreds of('(수없이) 많은, 수백의'), thousands of('수천의, 수많은')나 millions of('수많은')처럼 낱말이 갖고 있는 뜻에만 한정되어 쓰이기도 하지만 많다는 것을 나타내기 위해 쓰인다. 예문들은 다음과 같다.

Miles of sand are exposed at low tide.
(썰물 때면 수 마일에 걸친 모래사장이 모습을 드러낸다.)

They had scoured the intervening miles of desert.
(그들은 그 중간 몇 마일의 사막을 철저히 조사했다.)

Dozens of miles of railroad track have been torn up.
(수십 마일에 달하는 철로가 붕괴되었다.)

The custom dates back **hundreds of** years.
(그 관습은 역사가 수백 년이나 된다.)

Hundreds of commuters had to be put up in hotel rooms.
(수백 명의 통근자들이 호텔 방에 묵어야만 했다.)

There are hundreds of people desperate to adopt a child.
(입양을 간절히 원하는 사람들이 수백 명에 달한다.)

Now there are **thousands of** podcasts available daily.
(현재, 매일 수천 개의 팟캐스트가 사용 가능하다.)

Thousands of bodies are still buried under the rubble.
(수천 구의 시신이 아직도 건물 잔해 속에 묻혀 있다.)

Thousands of young people are facing long-term unemployment.
(수천 명의 젊은이들이 장기 실업 상태에 직면해 있다.)

His stores stand to lose **millions of** dollars.
(그의 가게들은 수백만 달러를 잃을 처지에 있다.)

The programme attracted millions of viewers.

The company sustained losses of millions of dollars.
(그 회사는 수백만 달러의 손실을 입었다.)

3. You've got me almost melting away: **melt away**는 '차츰 사라지다[사라지게 하다], 녹다'라는 뜻으로 쓰인다. melt가 '(열 때문에 액체가 되도록) 녹다[녹이다]'에서 비롯된 표현이라고 할 수 있다. 그러니까 녹아서 차츰 없어지는 현상에다 견주어 표현한 것이라고 보면 될 것이다. 예문들은 다음과 같다.

So much snow has already **melted away**.
(너무나도 많던 눈이 벌써 녹아 버렸다.)

At the first sign of trouble, the crowd melted away.
(문제가 생길 조짐이 보이자마자 사람들은 서서히 사라져 버렸다.)

When he heard these words, Scot felt his inner doubts melt away.
(그가 이런 말들을 들었을 때, 스콧은 마음속에 품고 있던 의심이 사라짐을 느꼈다.)

기억할 만한 영어 문장

1. I love you always forever.
   (당신은 사랑해요 항상 영원히.)
2. Everything I will do for you.
   (무엇이든 당신을 위해 하겠어요.)
3. Those days of warm rains come rushing back to me.
   (따듯한 비가 내리던 날들이 다시 내게 몰려오네요.)

* 팝송 에세이

이 노래는 연인을 사랑하면서 갖는 감정은 꿈속에 서 있는 느낌이며, 옅은 안개와 연한 노란 장미에 둘러싸여 꿈을 꾸는 것 같고, 천상의 향기가 짙은 구름 속에서 길을 잃는 것 같다고 말한다. 그것도 사랑하는 이를 살짝 만지고 발견하면서부터. 장미꽃에 둘러싸여 꿈을 꾸는 듯한, 천국의 향기가 나는 구름 속에서 길을 잃은 듯한이란 표현은 모든 느낌이 최고의 상태에 이르게 되었음을 나타낸다. 마치 비현실적이라는 생각이 들지 모르지만 기분 좋은 상태는 꿈꾸는 듯하고 지상의 모습과 완전히 다른 세계인 구름 위에서 걷는 듯한 기분을 느끼는 것 즉, 행복의 절정(cloud nine)이다. 그만큼 연인에 대한 사랑하는 마음이 강렬하다는 뜻이다.

사랑하는 마음을 가진 이는 따뜻한 비, 바람 한 점 없는 여름밤 공기, 고요한 정적을 깨는 부드러운 말, "난 당신을 사랑해요 항상 영원히/ 가까이 있으나 멀리 있으나 우린 더 가까워지죠 / 어디서나 난 당신과 함께 하겠어요 / 무엇이든 난 당신을 위해 하겠어요"를 반복해서 이야기한다. 어떤 상황에서도 거리에 상관이 없이 장소에 개의치 않고 사랑을 하겠다는 의지의 표현이라고 할 수 있다. 그것도 '항상 영원히'라며 시간에 관계없이 꾸준히.

사랑하는 대상인 당신은 이 세상에서 가장 아름다운 파란 눈을 갖고 있고, 자신을 황홀하게 만든다. 별이 총총 빛나는 푸른 하늘 아래 누워 있을 때 묘한 감미로움이 다가오고, 마법에 홀린 듯한 때라고 여긴다. 또 다시 "날 영원히 사랑하겠다고 사랑하겠다고 말해요 / 절대 멈추지 마세요. 어떤 상황이 와도 절대로요 / 가까이 있으나 멀리 있으나 그리고 항상 / 그리고 어디서나 그리고 무엇이든"이라며 간절하게 요청을 하는 상태이다.

사랑은 꿈꾸는 자의 몫이라고 하지만 사랑을 위한 노력은 그만큼 힘들다. 시간이 흐르더라도 변함이 없이 덜도 더도 아닌 같은 마음으로 상대방을 먼저 생각하고 상대방의 안위를 걱정하고 상대방이 시간이 흐를수록 더 나아지기를 바라고 상대방의 사랑의 깊이를 측정하지 않으면서 느끼고 상대방의 존재를 그대로 인정하는 마음이 합쳐져야 제대로 사랑한다고 말할 수 있다. 그만큼 사랑을 한다는 것이 쉽지 않다는 뜻일 것이다. 그렇지만 누구나 한 순간 짧은 시간 동안 사랑하는 사람이 천상의 존재처럼 느껴질 때도 있을 것이다.

pop song English essay ②

찾아보기